Henner Kotte

Populäre sächsische Hofgeschichten

Von Henner Kotte liegen bei Bild und Heimat außerdem vor:

Um Kopf und Kragen. Unbekannte Fälle aus dem Kuriositäten-
kabinett der Kriminalistik (2014)
Blutiges Erz. Kriminalgeschichten aus dem Erzgebirge (2016)
Leipziger Heimsuchung und vier weitere Verbrechen
(Blutiger Osten, 2016)
Stiefel für den Tod und zwei weitere Verbrechen
(Blutiger Osten, 2017)
Ministermord unter der Augustusbrücke. Der Tod von Gustav
Neuring in Dresden (2017)
Flucht über die Todeszelle und fünf weitere Raubfälle
(Blutiger Osten, 2017)
Der Opfermord von Belmsdorf und zwei weitere authentische
Kriminalfälle aus der Oberlausitz (Blutiger Osten, 2018)
Populäre sächsische Irrtümer (2018)
Leipziger Mordsspuren. Ein kriminalistischer Spaziergang (2019)

Henner Kotte, geboren 1963, studierte Germanistik in
Leipzig, Moskau und Dresden und lebt heute als Schriftstel-
ler, Redakteur, Theaterkritiker und Stadtführer in Leipzig.
Bei Bild und Heimat erschien 2017 u. a.: *Populäre sächsische
Irrtümer* (3. Auflage, 2018).

Henner Kotte

Populäre sächsische Hofgeschichten

Bild und Heimat

Umschlagabbildungen: links oben: Augustus III., Öl auf Leinwand, Pietro Rotari, Gemäldegalerie Alte Meister, Dresden; rechts oben: Maria Josepha, Erzherzogin von Österreich, Öl auf Leinwand, Anton Raphael Mengs, Museo Nacional del Prado; rechts Mitte: August der Starke, Öl auf Leinwand, 18. Jhdt., Burg Stolpen: © Wikimedia Commons; unten: Residenzschloss Dresden mit Wettiner Obelisk: Postkarte aus dem Privatarchiv von Eberhard Hofmann, Chemnitz; hinten: Feuerwerk auf der Elbe hinter dem Holländischen Palais zur Hochzeit des sächsischen Kurprinzen Friedrich August 1719 in Dresden, Kupferstich, koloriert, Johann August Corvinus: © bpk/Kunstbibliothek, SMB/Knud Petersen.

ISBN 978-3-95958-193-6

1. Auflage
© 2019 by BEBUG mbH / Bild und Heimat, Berlin
Umschlaggestaltung: BEBUG mbH / Bild und Heimat, Berlin
Druck und Bindung: CPI Moravia Books s. r. o.

Ein Verlagsverzeichnis schicken wir Ihnen gern:
BEBUG mbH / Verlag Bild und Heimat
Alexanderstr. 1
10178 Berlin
Tel. 030 / 206 109 – 0

www.bild-und-heimat.de

Der Sachsen Dank

Zu Dir, o König, schaut in Treuen
Dein glücklich Sachsenvolk empor.
Was Du ihm bist, in immer neuen
Und freud'gern Liedern quillt's hervor,
Wie auch des Schicksals Lose fallen
In Zukunft unserm Vaterland:
Um Deinen Thron die Fahnen wallen,
Gelobend hebt sich Herz und Hand.

In großer Zeit hast Du gerungen
Für unser Reiches Herrlichkeit.
Um Deine Stirne ist geschlungen
Der Lorbeerkranz für alle Zeit.
Drum, wenn sich ringsum Wolken türmen,
Blickt man auf Dich voll Zuversicht:
Du Säul' des Reichs, erprobt in Stürmen,
Wir rufen's stolz: Du wankest nicht!

Nun ist in goldnen Friedenjahren
Dein königliches Haar gebleicht.
Das höchste Glück hast Du erfahren,
Dem wohl auf Erden keines gleicht;
Nicht einsam stehst Du auf dem Throne,
Fremd Deinem Volk und Deiner Zeit:
Nein, jugendfrisch trägst Du die Krone,
Die Du dem höchsten Dienst geweiht!

Was Deines Volkes Wohlfahrt mehrte,
Mit Vatersinn brachst Du ihm Bahn.
Was Edles uns die Kunst bescherte,
An Deinen Namen knüpft sich's an.

So ist's Dein Geist, der uns erhoben,
Dein edles Herz, das uns entflammt:
Noch ferne Tage werden loben
Den Segen, der von Dir entstammt!

Und Dir, o Königin, gebühret
In gleicher Treu der tiefste Dank,
Den Dir so manches Herz gerühret
Im Stillen widmet lebenslang!
Wir brauchten des nicht Zeugnis geben,
Was innig jeder Mund bekennt:
Du weihtest Dein erhabnes Leben
Dem Volke, das Dich Mutter nennt!

Wann hätte je die Not gefunden
Dich, hohe Frau, nicht hilfsbereit?
Und für des Unglücks tiefe Wunden
Fandst Du nicht Balsam alle Zeit?
Die Armut ging mit reichen Gaben
Von Deiner königlichen Thür:
Ihr Dankblick möchte reich Dich laben!
O sei gesegnet für und für!

Heil uns, daß wir die Zeiten schauen,
Die unsre Väter einst erharrt,
Und treuen Sinns am Werke bauen
Im Friedensglück der Gegenwart!
Heil Dir, dem edlen Fürstenpaare!
Du schreitest uns auf lichter Bahn
Für alles Große, Gute, Wahre
Mit königlichem Sinn voran!

Rudolf Schlitterlau

Herrschaftszeiten und -geschichten

Stumme Denkmale, geschwätzige Sagen, öffentliche Urkunden und Actenhaufen der Archive, Berichte von Augenzeugen, Jahrbücher von gleichzeitigen, Sammlungen der Nachkommen sind die eigentlichen Spuren entwichener Geschlechter. Obschon sie übrigens oft nicht mehr als die Fußstapfen enteilter Wanderer, die Puppen ausgeflogener Schmetterlinge, die Zellengebäude erstarrter Bienen oder die abgeworfenen Costüme, Masken, Schminktöpfchen und Rollenbücher einer entlaufenen Schauspielergesellschaft sind, deren größtes Angedenken in ihren hinterlassenen Schulden verblieb, so kann sie doch die Geschichte nützen und auf ihrem Felde palingenisiren.

Wilhelm Schäfer

Der letzte König Sachsens, Friedrich August III., dankte im November 1918 mit den legendären Worten ab: »Na, dann macht doch eiren Dreck alleene!« Doch wirklich ganz gegangen ist der König nie; ein bissel ein Königreich ist Sachsen auch danach geblieben. Dresden gilt immer noch als die »Residenz«. Einen Ministerpräsidenten nennt der Volksmund gern »König« und seine Frau ganz einfach »Mutti«. Und immer wieder tauchen die alten Geschichten aus dem Königshause auf. Die erzählt man auch heute landauf, landab. Sie sind unvergessen, und damit dies so bleibt, ist dieses Buch geschrieben. Ob die Geschichten stattgefunden haben, ob sie ausgedacht sind – es ist egal, denn eine Sehnsucht ist dem Freistaat Sachsen eigen, die ihn in eine Reihe mit den Königshäusern Englands, Frankreichs oder Schwedens stellt. Gern verweist man auf die Pracht, die August der Starke Sachsen hinterließ, auf die Galerien und die Schätze. Man vergleicht sich mit dem Zarenhof Sankt Petersburgs, mit Frankreichs Sonnenkönig, mit dem Prado in Madrid. Parallelen sind durchaus zu finden, denn Spuren haben die Regenten Sachsens hinterlassen in den Museen wie in den Köpfen. Noch immer ist der Sachse den Preußen gram, die ihre Kriegsgewinne zum Schaden sächsischen Landes und zum Schaden seiner Kassen nahmen. Und was tat Preußen? Es verbreitete übers Sachsenland Gerüchte vom Kaffeesachsen bis zu Augusts vielen Kindern. Dabei zog Berlin die Sachsen immer an, ob in die Künstlerszene, zur »FDJ-Initiative Berlin«, ob in die Ministerien oder Universitäten. Und dann, es ist fast unverschämt: Sachsenkinder wurden zu Preußens Inbegriffen – Funkturm, »Berliner Luft« und Zillebilder. Wirklich: All das schufen Sachsen an der Spree! Selbst der Fluss – ein Sachsenkind. Aber, erst recht im Glück und in ferner Gegend, der Sachse kann von seinem Heimatlande nicht wirklich lassen. Auch die Spree kehrt ins Sachsenwasser der Elbe zurück. Und wenn dem Fortgezogenen die Rückkehr schlicht unmöglich ist, erzählt er sich von seiner königlichen Heimat Anekdoten, Schnurren, all die Geschichten von Fürsten, Prinzessinnen und den Skandalen, die vielleicht doch (nie) wahr gewesen sind. Natürlich erzählen sie die in der Heimat Gebliebenen erst recht! Wir auch.

Sagenhaft: Tausend Jahre Sachsen

Seit jeher kämpfen Herrscher gegen andere Völker, um politisch Macht und Einfluss sowie Territorium zu gewinnen. Karl der Große (*747; †814) führte die Sachsenkriege, um sein großes Reich noch größer zu machen und die Verbreitung des Christentums zu fördern. Doch begegneten dem neuen Glauben viele germanische Stämme mit Unverständnis und Angst, sollte man den alten Göttern doch abschwören und dem neuen Herrn seinen Zehnten geben. Vor allem die Sachsen leisteten erbittert Widerstand, »welchen Karl der Große nur in Strömen von Blut zu ersticken vermochte, denn die größte Bekehrungskraft wohnte dem Schwerte inne«. Im Jahr 782 kam es zur Schlacht bei Verden, wo 4.500 Sachsen gefangen genommen worden seien, weil sie die Taufe verweigert hatten. Also habe Karl gesprochen: »Ihre Köpfe werden in den Sand rollen, und ihr Blut wird in den Graben laufen, der sich zwischen gelben Sandwällen nach der Beeke hinzieht. Witwen und Bräute werden im Lande weinen, und alle Adler und Raben, alle Wölfe und Füchse werden bersten vor reichlichem Fraße.« Und tatsächlich sei all diesen Sachsen bei diesem »Verdener Blutgericht« dann auch der Kopf abgeschlagen worden. Mittelalterliche Epen berichten davon. Ob dies wirklich so geschehen ist, bezweifeln Historiker; andere nennen Karl »den großen Sachsenschlächter«.

Karls Inbesitznahme des Sachsenlandes zwischen Nordsee und Harz sowie Rhein und Elbe dauerte dreiunddreißig Jahre und wurde brutal geführt. 804 war Nordelbien endlich erobert und ein eignes Stammesrecht, das *Lex Saxonum*, etabliert. Doch ließ sich der Sachsen Selbstvertrauen nicht einfach unterdrücken. Das Riesenreich Karls des Großen verfiel, und es wurde erneut um Einfluss und Macht gestritten. Der Mainzer Bischof Hatto I. (*850; †913) und der Frankenkönig Konrad I. (*881; †918) planten den Tod des Sachsenfürsten. Doch hinterbrachte man jenem Heinrich I. (*876; †936) das Mordkomplott. Und vor seinem Tod ließ Konrad I. seinem Feind Heinrich I. die Königswürde antragen – mit verblüffendem Resultat, denn »der Aufstieg und Erfolg der Sachsen von einem unterworfenen und zwangsmissionierten Volk hin zum führenden Reichsvolk innerhalb eines Jahrhunderts nach der Unterwerfung gehört zu den bemerkenswertesten historischen Entwicklungen des Mittelalters«.

Heinrich entstammte dem Geschlecht der Liudolfinger, die im Territorium des heutigen Niedersachsens herrschten. Daher erklärt sich auch die Bezeichnung: »Sachsenkönig«. Klug handelte Heinrich I. bereits bei seiner Krönung im Mai 919, denn er verzichtete auf die vom Bischof angetragene Salbung. »Es genügt mir vor meinen Vorfahren das voraus zu haben, dass ich König heiße und dazu ernannt worden bin.« So stand Heinrich I. zwischen der Macht der deutschen Fürsten und der Kirche. Doch kennzeichneten Kriege wie Verhandlungen über Frieden, Vormacht und Einfluss seine Regierungszeit. Trotz eines Schlaganfalls berief Heinrich I. im Sommer 936 einen Hoftag in Erfurt ein, um über den Zustand des Reiches zu beraten. Dann kehrte er auf die Pfalz Memleben zurück, wo ihn der zweite Schlag am 2. Juli 936 tödlich traf. Er wurde in der Stiftskirche zu Quedlinburg bestattet.

Nachdrücklich hatte Heinrich I. den Fürsten seinen Sohn Otto (*912; †973) als Nachfolger empfohlen. Mit ihm wurde die Herrschaft der Liudolfinger fortgesetzt. Vielleicht stimmten nicht alle Fürsten seiner Wahl zu, doch Otto I. knüpfte während seiner Regentschaft bewusst an karolingische Traditionen an. 955 siegte er auf dem Lechfeld über die Ungarn, auch die Slawen konnte er unter seine Macht zwingen. Unbestritten galt er als erfolgreicher Beschützer der Christenheit. Durch die Heirat mit der Königinwitwe Adelheid wurde Otto I. italienischer König und 962 vom Papst in Rom zum römischen Kaiser gekrönt, im deutschen Lande wusste er seine Herrschaft gegen den aufständischen Adel zu verteidigen. Man nannte ihn Otto I., »der Große«, sein Name gab der Herrschaftszeit der Liudolfinger ihre Bezeichnung als die »Ottonische« oder »Herrschaft der Ottonen«. Wie sein Vater starb der Sachsenkönig/-kaiser auf der Pfalz Memleben, am 7. Mai 973. Im Dom zu Magdeburg wurde er bestattet.

Otto I. folgte Otto II. (*955; †983), ihn hatte sein Vater bereits 961 zum Mitkönig, 967 zum Mitkaiser berufen. Otto II. versuchte, seinen Einflussbereich neu zu ordnen, und das führte zu Konflikten mit Byzantinern, Sarazenen und den Slawen. Auch das war eine sehr blutige Zeit. Wahrscheinlich an Malaria ist Otto II. am 7. Dezember 983 im Alter von nur achtundzwanzig Jahren verstorben. Seine Herrschaftszeit galt als glück- und glanzlos kurz. Im Petersdom zu Rom liegt er im Grab. Ottos Sohn, der dreijährige Otto III. (*980; †1002), war zum Regieren noch nicht fähig. So übernahmen seine Mutter, Kaiserin Theophanu (*um 955; †991), und seine Großmutter, Kaiserin Adelheid (*um 931; †999), die Regentschaft. Späterhin führte die Schwester Ottos des II., Mathilde (*955; †999), Äbtissin im Kloster zu Quedlinburg, bis zu ihrem Tod die Regierungsgeschäfte für ihren in Italien weilenden Neffen. In seiner folgenden Regentschaft verlegte Otto III. den Schwerpunkt des politischen Handelns nach Italien und galt damit als »undeutscher« Kaiser. Es folgte ihm Heinrich II. (*973; †1024) aus der bayerischen Familienlinie. Mit seinem Tod erlosch 1024 die Dynastie der Ottonen und Sachsenkönige in Deutschland.

Sachsenkriege allerdings wurden nochmals 1073–75 unter Heinrich IV. (*1050; †1106) aus dem Geschlecht der Salier geführt, auch da war der sächsische Adel erneut zum bewaffneten Aufstand gegen das königliche Herrscherhaus bereit, da dieses seine Macht auch über ihn ausweiten und stabilisieren wollte. Unter Heinrich dem Löwen (*1130; †1195) aus der Welfen-Dynastie erreichte das Stammherzogtum (des alten) Sachsen seine größte Ausdehnung und umfasste ganz Nordwestdeutschland bis hin nach Mecklenburg. Nachdem Heinrich der Löwe entmachtet worden war, zerfiel das große (nieder-)sächsische Sachsenreich, wurde verschenkt, vererbt und aufgeteilt. Auch wenn man sich auf die großen Vorfahren beruft: Das heutige Sachsen verbindet mit den Sachsenkönigen, Angel- und Niedersachsen allein der Name. Das sächsisch-wittenbergische Gebiet und die damit verbundene Kurwürde fiel 1422 durch Erbfolge dem Markgrafen von Meißen zu und somit auch der Name: Sachsen, der diesem Gebiet fortlaufend erhalten blieb.

ⓘ Pfalz und Kloster Memleben: Thomas-Müntzer-Straße 48, 06642 Kaiserpfalz
Stiftskirche St. Servatius (Quedlinburg): Schloßberg 1, 06484 Quedlinburg
Magdeburger Dom: Am Dom 1, 39104 Magdeburg

Wiprecht eint das Sachsenland

Im Dreiländereck von Sachsen-Anhalt, Thüringen und Sachsen liegt am Ufer der Weißen Elster die kleine Stadt Groitzsch. »Abseits der vom Norden her zuführenden Straße weht der Wind über Bäume im halben Rund, ihnen zu Füßen sieht man verfallene Mauern, die der Geschichte unseres Landes ein Neuanfang gewesen. Der erahnbare Graben und ein paar wenige Steine von Kapelle und Wohnturm zeugen von ihrem einstigen Bewohner: Wiprecht von Groitzsch« (*um 1050; †1124). Diesem, seinem Ziehsohn, hatte der Markgraf der Nordmark, Lothar Udo II. von Stade (*um 1020; †1082), die verwahrloste Burg Groitzsch im Osterland überlassen. Wiprecht sollte ihm bei seinen östlichen Eroberungsplänen die Speerspitze sein. Doch kam er zunächst »mit den benachbarten Rittern, mit Betherich von Teuchern, Hagen von Tubichin, Friedrich von Kitzen, Vicelin von Profen und dessen Bruder in Elstertrebnitz, in harten Streit. Die schlossen ein Bündnis und wollten Wiprecht unverzüglich aus dem Lande jagen.«

Wiprecht zog in den Krieg und bekämpfte aufseiten Heinrichs IV. (*1050; †1106) den Gegenkönig Rudolf von Rheinfelden (*um 1025; †1080). Nach Heinrichs verlorener Schlacht bei Hohenmölsen, bei der sein Rivale jedoch den Tod fand, diente sich Wiprecht dem König weiterhin an. Er nahm am siegreichen Italien-Feldzug teil, mit dem Heinrich IV. seine Schmach von Canossa rächen wollte. Wiprecht »zeichnete sich durch große Tapferkeit, besonders bei der Eroberung Roms aus; ja, er soll sogar als der erste die Festung erstiegen und in die Stadt gelangt sein«.

Daraufhin erhielt Wiprecht weitere Lehen: die Burggrafschaft Leisnig und Dornburg an der Saale. Durch Heirat kamen die Gaue Budissin und Risani (Bautzen und Görlitz) hinzu. Mit seiner Gattin Judith von Böhmen (*um 1070; †1108) lebte Wiprecht zu Leisnig, Groitzsch und Budissin. Er gründete für seine Frau den Ort Schworza (Schwärza) und entledigte sich seiner örtlichen Feinde durch die »Bluttat von Zeitz«: Dabei überfiel eine erlesene Schar seiner Getreuen von Schworza aus unversehens die Stadt Zeitz, wo sich seine Rivalen versammelt hatten. »Wiprecht nahm Vicelin gefangen und ließ ihn mit siebzehn anderen erdrosseln. Hagen hatte sich mit den übrigen in die Jakobskirche geflüchtet, und da sie durchaus nicht heraus wollten, wurde das Gotteshaus niedergebrannt, die herausstürzenden Feinde aber nach dem grausamen Brauche jener Zeit geblendet.« Die Untat verursachte dem strenggläubigen Wiprecht fortan Gewissensqualen. Er »wallfahrte nach Rom zum Papste Clemens III. Dieser aber legte ihm als Buße eine Pilgerfahrt zum heiligen Jakob nach Compostela in Spanien auf. Hier erhielt er die Weisung, ein größeres Kloster zu bauen. Nach seiner Rückkehr in die Heimat errichtete er nun von 1091 bis 1096 das Kloster Pegau.«

Als Parteigänger Heinrich IV. versuchte Wiprecht, den Regenten zur Abdankung zu überreden, was nicht geschah. So unterstützte Wiprecht dessen Sohn Heinrich V. (*1081; †1125). Als dem die Macht seines Vasallen jedoch gefährlich zu werden drohte, »ließ der Kaiser ohne weiteres Wiprechts Sohn, den jüngeren Wiprecht, gefangen nehmen und auf die Burg Hammerstein am Rhein bringen. Nur mit schweren Opfern, durch die Abtretung der Gaue Budissin und Risani und der Burg Leisnig, konnte der Vater seinen Sohn wieder aus der Gefangenschaft befreien.« Durch seine Härte und Habgier brachte Heinrich V. bald die Fürsten in Sachsen und Thüringen gegen sich auf, »die sich ihm zu Beginn seiner Regierung so willig gezeigt hatten. Er nahm den Fürsten, auch der Gemahlin Wiprechts, ohne weiteres ihre Familiengüter, und so entstand eine allgemeine Verschwörung gegen ihn, an der auch Wiprecht teilnahm.« Doch gelang es Heinrich V., eine Schar seiner Gegner gefangen zu nehmen, darunter auch den schwerverletzten Wiprecht von Groitzsch. »Zwar gelang es dem jüngeren Wiprecht durch Abtretung der Burg Groitzsch an den Kaiser, seinem Vater wenigstens das Leben zu retten; trotzdem wurde dieser in festen Gewahrsam auf das Schloß Trifels am Rhein gebracht. Aller ihrer Güter verlustig erklärt und in die Reichsacht gethan, mußten sich Wiprechts Söhne mit den Ihrigen in dem Gundorfer Walde bei Leipzig verstecken, wo sie wie die wilden Tiere und als Räuber ihr Leben fristeten.« Nachdem Heinrich V. die Schlacht am Welfesholz in der Gegend von Mansfeld gegen die sächsischen Aufständischen verloren hatte, gelang es Wiprechts Kindern, einiges vom Besitze zurückzuerhalten. Jedoch schmachtete Wiprecht senior weiter in den Verließen – bis es gelang, des Meißner Burggrafen und Kaisers Kumpan, Heinrich Haupt, habhaft zu werden und die Gefangenen zu tauschen. Versöhnt mit Heinrich V., erhielt Wiprecht Ländereien zurück, wurde gar Markgraf von Meißen. Das Amt musste er jedoch 1123 an Konrad I. (*um 1098; †1157) abgeben, der damit die Herrschaft der Wettiner begründete.

Wiprechts Handeln aber hatte die Kultur im Lande verändert. Die Pegauer Mönche missionierten nachdrücklich. Franken kamen und modernisierten die Landwirtschaft, Wälder wurden gehauen, Sümpfe trockengelegt, Feld-, Obst- und Weinanbau gefördert. Ortschaften zeugen noch heute mit ihrem Namen davon: Frankenheim, Ober- und Niederfrankenhain. Auch die Kirche zu Eula zeugt von Wiprechts Wirken: »Als Wiprecht 1106 von Leisnig nach Groitzsch reiste, kam er durch ein Dorf, Hila (Eula bei Borna) genannt. Dieses hatte eine hölzerne, ganz verfallene Kirche; in diese ging er mit einem seiner vertrauten Ritter, namens Giseler, auf daß sie allda beten möchten, wie es sein Gebrauch war, wenn er an einer Kirche vorüberzog. Nachdem er gebetet hatte und von der Erde aufgestanden war, wurde er gewahr, daß auf dem Altar ein Kasten voller Heiligtümer in Gestalt eines Buches sich öffnete, aus dem hervor ein großer heller Schein ging. Darüber erschrak der mutige Held so, daß er kaum stehen konnte, und ehe er fortzog, erklärte er, er wolle die Kirche auf seine Kosten neu aufbauen lassen. Dies geschah denn auch bald.« Im Kloster zu Pegau ist Wiprecht am 22. Mai 1124 gestorben, in der dortigen Stadtkirche St. Laurentius ist er bestattet.

Sein »Grabmal, eines der schönsten Kunstdenkmäler aus dem Anfange des dreizehnten Jahrhunderts, ist eine Zierde und Sehenswürdigkeit und wird von Künstlern und Gelehrten viel besucht und bewundert. Ganz sicher stellt es Wiprecht lebensgetreu dar. Mit offenen Augen, hoher Stirn, langem Lockenhaar und kurzem Vollbart liegt der Held in fürstlichem Gewande da. Das ruhige, mehr gemütvolle als kriegerisch-energische Gesicht kennzeichnet ihn als einen Mann, der unsere volle Achtung verdient. Gewiß ist er in seinen jüngeren Jahren von Grausamkeit nicht frei gewesen; aber sowie einmal die Sturmzeit hinter ihm lag, sorgte er treu für das Wohl seiner Untergebenen und widmete sich hauptsächlich den Werken des Friedens.«

ⓘ Kirche St. Laurentius: Kirchplatz 6, 04523 Pegau
  Wiprechtsburg: Graf-Wiprecht-Straße, 04539 Groitzsch
  Wiprechtkirche: Wiprechtstraße, 04552 Eula

Der erste der Wettiner

Stammvater Thimo von Wettin (*vor 1034) starb 1091, 1101 oder 1118, doch gilt er Historikern als Vater von Konrad dem Großen (*um 1098; †1157), dem ersten Wettiner, der von Meißen aus seine Macht übers heutige Sachsenland ausübte. Nach dem frühen Tod des Vaters trat zunächst Konrads älterer Bruder, Dedo IV. (*1086; †1124), das wettinische Erbe an; durch die Ehe mit der Tochter Wiprechts von Groitzsch wurde er noch Markgraf der Niederlausitz. Die Ehepartner waren sich gram: In heftigem Streite verstieß Dedo seine Gattin und nahm sie später aufgrund eines bischöflichen Befehls zu sich zurück. Sein Bruder Konrad war mittlerweile Herr von Brehna, Torgau und Hamburg.

Beider Vetter Heinrich I. (*um 1070; †1103), der Markgraf der Lausitz und Markgraf von Meißen, war bereits 1103 ohne männliche Nachkommenschaft gestorben. Dedo und Konrad hatten Hoffnung aufs Erbe, doch war Heinrichs Frau Gertrud (*um 1060; †1117) nach dem Tod ihres Gatten noch von einem Knaben entbunden worden und erhielt ihrem Sohn Heinrich II. (*1103; †1123) das Erbe. Als alle Knaben nun mündig waren, verstärkten sich die Gerüchte, dass jener nachgeborene Heinrich II. illegitim und wohl ein Mädchen gewesen sei, man hätte Mutter Gertrud der Erbfolge wegen den Sohn einer armen Frau ins Wochenbett gelegt. Andererseits soll »Konrad im Gespräch mit einem Dritten gesagt haben, der Sohn eines Koches sei nicht sein Verwandter«.

Die üble Nachrede konnte ein Markgraf nicht dulden: Heinrich II. warf Vetter Konrad ins Verließ der Veste Kirchberg (im heutigen Österreich). Urplötzlich aber verstarb Heinrich II., man munkelte an heimlich verabreichtem Gift. Konrad kam aus der Veste in Freiheit. Bruder Dedo IV. begab sich auf Pilgerreise nach Jerusalem. Von dort schickte er ein echtes Stück vom Kreuze Christie. Die Reliquie fand Platz im von ihm gegründeten Kloster auf dem Petersberg bei Halle. Aber auf der Rückreise erkrankte Dedo und starb am zweiten Weihnachtsfeiertage im Jahre 1124. Auch er hinterließ keine männlichen Nachkommen. So sah sich Konrad als legitimen Erben von Heinrich I. und Dedo IV. Doch um diese Hinterlassenschaft entbrannte ein erbitterter Streit. Der Kaiser erkannte Konrads Rechte nicht an. Heinrich V. (*1081; †1125) zog beide Marken als heimgefallene Reichslehen ein und übertrug auf dem Hoftage zu Worms Meißen und die Lausitz an den Grafen Wiprecht von Groitzsch und die erledigte Grafschaft Thüringen an Hermann von Winzenburg (*um 1083; †1137). Hierin aber erblickte der Herzog Lothar von Sachsen (*1075; †1137), welcher sich schon vorher gegen Heinrich V. erhoben hatte, Schmach und eine Verletzung der guten Sitten; er führte gegen den Kaiser einen blutigen Krieg. Konrad I. schloss sich ihm im eigenen Interesse an.

Aus diesem Kampf ging Lothar von Sachsen als Sieger hervor und wurde selbst 1125 König und 1133 Kaiser des römisch-deutschen Reiches. Er übertrug Konrad I. die Markgrafschaft Meißen, die Mark Lausitz erhielt Albrecht I. (*um 1100; †1170; auch Albrecht der Bär genannt) aus dem Hause Brandenburg. Um Besitz und Ansehen zu wahren, führte Konrad I. nun zahlreiche Kriege, unter anderem mit dem Markgrafen der Nordmark, Albrecht dem Bären, und König Konrad III. (*1093; †1152), dem Nachfolger Lothars. Lothar aber begleitete er noch 1136 auf dessen zweiten Feldzug nach Rom. »In demselben Jahre erhielt Konrad vom Kaiser die Mark (Nieder-)Lausitz, welche durch den Tod des bisherigen Inhabers erledigt war, und 1143 empfing er die Grafschaft Rochlitz als Eigentum für sich, seine Frau und seine Nachkommen, 1144 aber auf Lebenszeit den Gau Risani und das Milzenerland (Budissin). So erstreckte sich jetzt die Wettinische Herrschaft auf Meißen, Budissin (Bautzen) und die Niederlausitz; dazu kamen die Eigengüter in den alten Marken Zeitz und Merseburg (Osterland).«

1145 pilgerte der strenggläubige Konrad ins Heilige Land und versprach den Klosterbrüdern des Heiligen Grabes zu Jerusalem, jährlich zu Michaelis zwei Mark Silber zu schicken, damit sein, seiner Gemahlin und seiner Söhne Andenken hier fortlebe. In Deutschland setzten sich die Kriege über Marken und Ländergrenzen hinweg fort. Konrad wirkte als Vermittler in Polen, kämpfte gegen die Wenden, war Gefolgsmann derer von Dänemark. »1156 bedachte der betagte Markgraf die Unbeständigkeit seines Lebens und fürchtete, daß, wenn er noch länger in der sündigen Welt leben wollte, er auch selbst in ihren Untergang gezogen würde, und deshalb beschloß er, sie zu verlassen, und faßte den festen Entschluß, ins Kloster zu gehen. Da er aber für die Zukunft der Kirche sorgen wollte, nach welcher er sich von Herzen sehnte, das heißt für die Kirche auf dem Petersberge, welche er schon ausgiebig, wie es für sie günstig war, bedacht hatte, so rief er den Erzbischof Wichmann und den Markgrafen Albert von Brandenburg, auch all seine Söhne und viele andere Geistliche und Weltliche, Edle und Dienstmannen zusammen und kam selbst dorthin, um in ihrer Gegenwart seine Absicht zu verwirklichen. Und so verteilte er zuerst alle Besitzungen, welche er selbst oder seine Gemahlin an diesem Orte hatten, damit nicht etwa nach seinem Tode über die Länder ein Streit entstünde, in die Hände seiner Söhne, das heißt: Otto wurde Markgraf von Meißen, Dietrich Markgraf der Lausitz, Heinrich Graf von Wettin, Dedo Graf von Rochlitz, Friedrich Graf von Brehna. Dann bestimmte er, daß allemal der älteste der Söhne oder Erben die Vogtei des Klosters stiftungsgemäß ausüben

sollte, daß die Vogtei selbst keinem jemals als Lehen überlassen werden sollte, und daß seine Söhne, was sie auch ver-
sprachen, und ihre Dienstmannen in diesem Kloster ihr Be-
gräbnis haben sollten. Nachdem dies geordnet worden war,
legte Konrad vor dem Altar des heiligen Petrus seine welt-
lichen Gewänder ab, ließ sich mit der Mönchkutte durch
Erzbischof Wichmann bekleiden und nahm freiwillig die
Armut auf sich aus Liebe zu Christus, unter dem großen
Beifalle der anwesenden Fürsten, denen auch seine Demut
gar reiche Thränen entlockte, weil sie an einem Manne von
solcher Bedeutung eine so große Umwandlung erblickten,
wie an ihm, allen sichtbar, Gottes Gnade und Erbarmen
seine unübertreffliche Gesinnung heller als das Licht of-
fenbarte. Dann erst ruft er, schon ein Streiter Christi, seine
Söhne herbei und übergibt ihrer Huld seine Kirche, deren Mitglied er eben geworden war, damit sie immer und
überall sich angelegen sein ließen, der Kirche ihre Hilfe zu
gewähren, in welcher, wie sie wüßten, ihre Mutter bereits
ruhe und auch er, ihr Vater, im Leben wie im Tode, und
auch sie dereinst ruhen würden. Das ereignete sich am Tage
des heiligen Andreas (30. November). Konrad von Wettin
lebte nach seinem Eintritte in das Kloster noch 2 Monate
und 5 Tage. Er starb am 5. Februar 1157 im 59. Lebens-
jahre, und er wurde begraben vom Erzbischof Wichmann
in der Mitte der Kirche, in welcher zu seiner rechten Seite
seine Gemahlin und nach dieser an derselben Seite seine
Schwester Mathilde begraben wurden.«

ⓘ Kloster auf dem Petersberg: Bergweg 11, 06193 Petersberg bei Halle (Saale)

Kassandra auf der Burg Wettin

Der Wanderer empfand um 1900: »So, wie es da vor mir lag, und nicht anders hatte ich mir das alte Bergstädtchen Wettin gedacht: im Äußeren unberührt vom Strome der Neuzeit, ein Denkmal ferner, schöner Vergangenheit, ein würdiger Zeuge deutschen Fürstenruhms und deutscher Fürstengröße! Voll Freude und Stolz hing mein Blick an den hohen Mauern und an den Turmzinnen der alten Burg, die sich im Süden auf einer scharf vorgestreckten Felszunge trotzig und kühn erhebt und die Dächer der Stadt weit überragt. Dieser ehrwürdige, schlichte, feste Bau, der mit dem Fels verwachsen scheint, der den Stürmen und Wettern fast eines Jahrtausends getrotzt hat, ist das schönste Symbol des edlen ruhmreichen Fürstenhauses der Wettiner. Nicht der romantische Hauch der Sage umweht die alten Mauern – unser Volk weiß nichts Wundersames von dieser Burg zu singen und sagen –, wohl aber der Geist hoher, tapferer und großherziger Ahnen und der Geist einer glorreichen achthundertjährigen Vergangenheit! Sie schützen die Wiege unseres teuren Herrschergeschlechtes und werden auch das Haus Wettin auf stolzer, sonniger Höhe erhalten, wenn Bau und Fels längst in Trümmer gesunken sind!«

Einige führen die Gründung der Burganlage in römische Zeiten zurück. Der Bruder des Tiberius, Feldherr Nero Claudius Drusus (*38 v. Chr.; † 9 v. Chr.), hatte mit seinen Heereszügen den Saaleraum erreicht und soll das feste Kastell der jetzigen Burg Wettin und auf dem Petersberge einen Tempel zu Ehren des Mars und der Bellona errichtet haben. Dann allerdings sei ihm eine riesige Frau erschienen, die schreckliches Unheil prophezeite, worauf Drusus vom Weitervorrücken gen Osten absah. Beim Rückmarsch stürzte der Kriegsheld vom Pferde. An einem Schenkelbruch starb er. Tiberius holte die Leiche des Bruders heim nach Rom und sprach von einem »unglückseligen Lager«. »Germanicus« gab man fortan Drusus als Name, den er den Seinen weitervererbte.

Andere Historiker führen den Namen »Wettin« auf Herzog Wittekind/Widekind/Widukind (*unbekannt; †1136/37) zurück, dem getreuen Gefolgsmann des Lothar von Sachsen. Anzunehmen ist, dass bereits im 9. Jahrhundert an der Stelle die Wenden eine Burg erbaut hatten; auch der Name »Wettin« scheint auf slawischen Wurzeln zu fußen. In den ältesten Chroniken wird die Stadt »Vidin« genannt und bereits im Jahre 960 n. Chr. als *civitas* (Stadt) *in pago* (Distrikt) *Ruzini* oder *Buzini* gelegen beschrieben. »In alter Zeit hatte die Grafschaft Wettin einen bedeutenden Umfang. Außer dem eigentlichen Burglehn gehörte der Petersberg mit allen seinen Gütern, das Schloß Krosigk, Löbejün mit seinen Dörfern und vielleicht auch die Stadt Halle zu diesem Distrikt. Die stark befestigte Burg Wettin galt als eins der besten und sichersten Bollwerke, die man im Elb- und Saalgau errichtet hatte, um dem energischen Vordringen der kriegerischen, Ackerbau treibenden Sorben/Wenden Einhalt zu gebieten. Das Wappen der Grafen zu Wettin zeigte einen roten Löwen in silbernem Felde. Auf dem Wappenhelme stieg aus silbernem Grund ein roter Adler mit schwarzen Flügeln auf. Die Flügel waren mit goldenen Herzchen oder kleinen Kleeblättern besetzt.«

Der erste bekannte Graf von Wettin ist Dietrich I. (* und † im 10. Jahrhundert) und gilt als Ahnherr des Herrschergeschlechts, seine Lebensdaten sind nicht überliefert. Dietrich I. begleitete Kaiser Otto II. (*955; †983) aus dem Geschlecht der Liudolfinger auf seinem Zuge nach Italien. Dietrichs Söhne sind beide auf der Burg geboren. Dedo I. (*um 960; †1009) erbte Wettin und Friedrich (*um 960; †1017) die Grafschaft Eilenburg. Friedrich starb kinderlos, und Dedos Sohn, Dietrich II. (*um 990; †1034), vereinigte beider Erbteile wieder. Er hinterließ sechs Söhne, von denen Thimo, ab 1090 Markgraf von Meißen, sich als Erster nach seiner Burg »Graf von Wettin« nannte. Als sein Sohn und Nachfolger Dedo IV. (*1086; †1124) auf der Heimfahrt aus dem gelobten Lande starb, fiel Wettin an seinen Bruder, den Markgrafen Konrad den Großen von Meißen (*1098; †1157). 1288 schenkte Graf Otto III. von Brehna Wettin und Salzmünde dem Erzstift Magdeburg, und so ging die Stammburg mitsamt dem Besitz dem sächsischen Fürstenhause für immer verloren.

Die Besitzer wechselten fortan, die Anlage wurde in Unter- und Oberburg geteilt und mit dazugehörendem Land verliehen. Altes Gemäuer, wie den Burgward, riss man ab, Neues, wie das Torhaus der Oberburg, wurde errichtet, anderes dem Geschmack der Zeit angepasst. 1440 gehörte Wettin zum Besitz jener von Trotha, später war's landesfürstlicher brandenburgischer Besitz. 1803 verkauften die Eigner das Burgschloss an Prinz Louis Ferdinand von Preußen (*1772; †1806), er »weilte oft und gern auf der alten Burg. Von seinem leutseligen Wesen und seinen lustigen Streichen wissen die lieben Wettiner noch heute zu erzählen. 1806, in der unseligen Schlacht (gegen Napoleon) zu Saalfeld, ist er gefallen.« Nach seinem Tode braute man Bier hier und brannte Alkohol in der Unterburg.

1890 beschrieb der Wanderer die Burg so: »Von schönen Aufgängen, Galerien, Eisengeländern mit phantastischer Ornamentik und glänzenden Messingknäufen, geräumigen Hallen mit Kreuzgängen und Säulen ist auf der Burg nichts mehr zu finden. Die dicken Mauern sind abgetragen, und von dem runden, stumpfen Turm inmitten des Hofes ist die Grundmauer nur noch im Steinpflaster bezeichnet. Der Turm ist bereits 1697 beseitigt worden. Die Wallgräben sind in Gärten umgewandelt, und durch die frühere Ausfallpforte tritt man jetzt auf eine Terrasse, welche eine schöne Aussicht gewährt. Ist auch der Gesamtcharakter des alten Bauwerks erhalten geblieben, so hat es doch im einzelnen mancherlei Veränderungen erfahren. So z. B. sind die Rokoko-Verzierungen an den Giebeln des Turmes neueren Datums, die Sandsteinzierraten sind verschwunden, und das Dach hatte früher jedenfalls eine bedeutendere Höhe als jetzt. Der Rittersaal, gegenwärtig durch einen Boden in zwei Geschosse geteilt, dient zur Aufnahme von Ackergerät und beherbergt den Segen der Felder: große Lager von Weizen und Kartoffeln. Die Wandgemälde des Saales hat man in frommer Einfalt mit Kalk übertüncht. Hier und dort treten noch Überreste von Kriegs- und Jagdszenen hervor. Drunten im Burgverlies, wo an der Wand als Symbol seiner Bestimmung eine Hand mit einer Keule und ein Kopf in Stein eingehauen sichtbar sind, breitet man Schafwolle zum Trocknen aus, und im oberen Gemach des Turmes, in dem einst der Burgwart hauste, nisten friedlich die Tauben.« Im faschistischen Deutschland richtete die NSDAP eine Gauleiterschule ein, die DDR machte eine Fachschule für Finanzwirtschaft und Agrochemie daraus. Seit 1991 unterrichtet im Gemäuer das Burggymnasium Wettin. Touristen finden Speisen und Obdach. Heute ist die Besichtigung der Burg zu Wettin nur von außen noch möglich.

Wenn der Reiseführer ehedem behauptete, es gäbe »nichts Wundersames von dieser Burg zu singen und sagen«, muss dem widersprochen werden: »Auf dem Winkel in Wettin, dem Stammschlosse der Könige zu Sachsen, geht die weiße Frau noch manchmal in einem Gange auf und ab: Früher erschien sie stets kurz zuvor, eh jemand aus dem sächsischen Königshause starb; auch kam sie am Morgen und Abend zu den Mägden in den Stall und half ihnen beim Melken.« Allerdings hat man sie in letzter Zeit nimmer gesehen.

ⓘ Burg Wettin: Burgstraße 5, 06193 Wettin

Ehrenhalber Vaterstadt

nno 1267 ist Graf Rudolf von Habsburg aus Schlesien nach Pirna gekommen mit etlichen Dienern, und weil er sich auf dem Wege sehr ausgezehrt und von Hause aus so schleunig keine Geldmittel hat erhalten können, hat er abends den regierenden Bürgermeister von Pirna, Paul Strausken, zu sich in das Haus zur Mahlzeit laden lassen und ihn dabei angesprochen, ob er ihm nicht beim Rate zu Pirna 200 Schock Geldes könne zuwege bringen, weil er solches jetzt auf seiner Reise höchst benötige; er wolle ihnen solches nicht allein mit Interessen getreulich wieder vorlegen, sondern auch solche Freundschaft dankbarlich verschulden, daß es die Nachkommen genießen sollten.

Der Bürgermeister entschuldigte sich zwar hierauf des Rats wegen mit Vorwendung vieler Ausgaben bei der damaligen Zeit, da auch die Ratskammer sehr erschöpft sei; doch versprach er, solches Ansinnen dem Rate vorzutragen und dabei so viel zu tun, als ihm möglich. Das geschah auch, und der Rat zahlte ihm des andern Tages 200 Schock guter Münze alsbald aus.

Ob nun zwar der Graf sich verschrieben, innerhalb Jahresfrist solches Geld wieder auszuzahlen, konnte er es doch auf die bestimmte Zeit nicht bewerkstelligen, weil seine Erwählung zum Kaiser nebst anderen Kriegshändeln dazwischen kam. Er kam darauf 1273 selbst persönlich nach Pirna, ließ den ganzen Rat vor sich fordern und traktierte denselben aufs freundlichste, erinnerte sich dabei an seine Schuld und ließ ihm 300 Schock aufzählen, welches aber der Rat nicht annehmen wollte, weil es samt Zinsen nicht so viel betrüge; sie wollten das Geld vielmehr ihm als ihrem gnädigen Kaiser schenken. Der Kaiser aber wollte nicht und nötigte sie, bis sie endlich 200 Schock von ihm annahmen. Darauf bedankte sich der Kaiser, daß sie ihm damals in der Not so willig beigesprungen und als einem Fremden ihm die 200 Schock anvertraut, begnadigte die ganze Stadt mit besonderen Freiheiten und verordnete unter anderem, daß sooft eine Pirnaische Jungfrau würde heiraten, ihr aus seiner kaiserlichen Kammer 30 Schock Geldes zum Heiratsgute ausgezahlt werden sollte. So soll er gleichfalls der studierenden Jugend in Pirna unterschiedene Stipendien verordnet haben.

Kurz hernach, als der gefährliche Krieg zwischen dem Kaiser und dem König Ottokar zu Ende gelaufen und der Kaiser ganz Böhmen, Österreich, die Lausitz und Meißen an sich brachte, hat er mit Ernst befohlen, daß die Stadt Pirna allein von allen Kontributionen frei bleibe. Als er aber zur Kaiserkrönung nach Speyer sich aufgemacht, hat er unterwegs zu Graf Friedrich von Hohenstaufen gesagt: »Nun wollen wir uns gegen die liebe Stadt Pirna recht dankbarlich verhalten, wegen ihrer redlichen Treue und Aufrichtigkeit, so sie uns gezeigt, und soll sie erfahren, daß, wie sie in meiner Not mein Vater gewesen, ich auch ihr Vater und Helfer sein will.«

Alfred Meiche

Beim Namen der Herrscher: erlaucht, entartet und gebissen

Oft erhalten Fürsten, Könige und Kaiser zum Vornamen ein Attribut, das sie von Namensvettern unterscheidet. Solch Beinamen wird in den Grammatiken beschrieben als »ein von einer Handlung oder Eigenschaft hergenommener Name, den jemand zu den ihm von Haus aus eigenen Namen hinzu erhält«. Manch so beschriebene Eigenheit scheint uns heute unverständlich, doch wurde sie meist mit Bedacht gegeben. Heinrich der Erlauchte (*1215; †1288) herrschte als Markgraf von Meißen und der Lausitz, war Landgraf von Thüringen und Pfalzgraf von Sachsen. *Henricus illustris* nannten ihn die Zeitgenossen, denn er sei ein sehr »tapferer, edler, gerechter, kunstsinniger, freigiebiger und prachtliebender« Fürst gewesen. Als Minnesänger taucht Heinrich von Meißen in der »Heidelberger Liederhandschrift«, dem *Codex Manesse*, auf: »Waz hat diu welt ze gebene me, davon sendin not zerge« – »Was hat die Welt zu geben je, damit ein bittres Leid vergeh.«

Allein Streitigkeiten störten die familiäre Idylle: Vor allem sein Erstgeborener Albrecht (*1240; †1314) stellte sich gegen seinen Vater, so dass der sich gezwungen sah, bereits zu Lebzeiten Land und Macht zu teilen. Vater Heinrich behielt sich die Mark Meißen und die (Nieder-)Lausitz, Albrecht bekam Thüringen und Sachsen und sein Bruder, Dietrich der Weise oder Fette (*1242; †1285), Landsberg und das Osterland. Den Älteren benannte man alsbald Albrecht der Entarteten, was auf sein Handeln schließen lässt. Albrecht vermählte sich 1254 mit der Tochter von Stauferkönig Friedrich II. (*1194; †1250): Margaretha (*1237; †1270). Als Mitgift wurde Albrecht das Pleißnerland verpfändet, was seine Macht und seinen Einfluss stärkte. Margaretha gebar ihm fünf Kinder: Heinrich, Friedrich, Diezmann (oder Dietrich), Margareta d. J. und Agnes. Die Familie schien intakt. Doch im Tross von Margarethas Hoffräuleins befand sich Kunigunde von Eisenberg (*um 1245; †1286), deren Charme und Schönheit Fürst Albrecht erlag. »Seine Liebe verleitete den Fürsten sogar zu dem Plane, seine Gemahlin heimlich ermorden zu lassen. Zwar mißlang dieser Plan; allein Margarethens Freunde glaubten, diese nur durch eine schleunige Flucht ganz retten zu können. Die trostlose Mutter konnte sich kaum von ihren Söhnen trennen; sie überhäufte vorzüglich bei ihrem Abschiede (am 24. Juni 1270 auf der Wartburg) Friedrich mit Küssen und biß ihn, im heftigsten Ausbruche ihres mütterlichen Schmerzes, in den Backen, so daß Friedrich für immer eine kleine Narbe behielt.« Manche behaupten, die Mutter tat's, um ihren Sohn unter Tausenden sofort wiedererkennen zu können. Das Kind jedenfalls nannte man fortan: Friedrich der Gebissene (*1257; †1323). Margaretha hatte alles – Kinder, Heim und Halt – verloren, man schleppte sie zur Krayenburg im Werratal, dann weiter ins Kloster Kreuztal bei Philippsburg, später nach Fulda, dann ins Weißfrauenkloster zu Frankfurt am Main, wo sie wenige Tage später, am 8. August 1270, verstarb. »Albrecht, erbittert über das Mißlingen seines schändlichen Vorhabens, trug nun den Haß gegen sie auf seine beiden Söhne über.« Andererseits war der Weg für ihn frei, und er konnte 1274 seine Liebe ehelichen: Kunigunde. Dem Paar wurde ein Sohn geboren, Apitz (*um 1270; †um 1301). Der Älteste aus erster Ehe, Heinrich (*1256; †1283), war 1283 spurlos in den Weiten Schlesiens verschwunden. Seine beiden verbliebenen Söhne, Friedrich und Diezmann (*um 1260; †1307), wollte jedoch der Vater »von der Thronfolge in Thüringen ausschließen, und solche auf Apitz, den mit Kunigunden erzeugten Bastard, bringen. Mehrere seiner Ritter und Vasallen sahen die Ungerechtigkeit seines Verfahrens ein, traten auf die Seite seiner beiden rechtmäßig erzeugten Söhne, und es brach zwischen diesen und dem Vater ein Krieg aus. In diesem war Friedrich so unglücklich, von seinem Vater gefangen genommen zu werden, und mußte ein ganzes Jahr als Gefangener auf der Wartburg zubringen, bis ihn endlich einige seiner getreuen Unterthanen mit Gewalt befreiten.«

Der Vater-Sohn-Konflikt, er schwelte weiter und verstärkte sich noch: Zunächst verstarb der Ziehvater der Söhne und Bruder Albrechts, Dietrich der Weise, 1285. Großvater Heinrich der Erlauchte folgte kaum drei Jahre später (1288) und wurde im Kloster Altzella begraben. Friedrich und Diezmann erhielten von beiden Gut und Land. Das mochte Albrecht der Entartete nicht leiden, die brutalen Kämpfe flammten wieder auf. In diesen geriet nun Albrecht in Gefangenschaft und wurde nur auf Kaiser Rudolphs von Habsburg (*1218; †1291) Vermittlung losgelassen. Aus Rache suchte Albrecht, verschiedene Fürsten gegen seine Söhne zum Kriege zu reizen, verkaufte, da dies nicht gelang, viele Güter, ja, endlich, seiner Söhne und der Landstände Widerspruch ungeachtet, ganz Thüringen 1294 für 94.000 Gülden an Kaiser Rudolphs Nachfolger, Adolph von Nassau (*um 1250; †1298). Dieser rückte in Thüringen ein, bemächtigte sich auch einiger Städte und Schlösser; allein da ihm Friedrich und sein Bruder Diezmann mit einer Armee entgegenrückten, zog er sich, nachdem er Thüringen sehr verwüstet hatte, aus Mangel an Lebensmitteln, mit einem Teil seiner Armee nach Mühlhausen zurück, setzte aber nachher seine Verwüstungen in Meißen fort, bis er endlich 1298 seiner Kaiserwürde entsetzt und von dem an seiner Stelle zum Kaiser gewählten Albrecht von Österreich (*1255; †1308) am 2. Juli in einer Schlacht in der Gegend von Worms getötet wurde. Allein Albrecht von Österreich, ebenso wenig gesonnen, seines Vorgängers Anspruch auf Thüringen aufzugeben, nahm anfangs, da es ihm zu Altenburg nicht geglückt war, Friedrich den Gebissenen durch einen Meuchelmord auf die Seite zu schaffen, Eisenach und einige andere Städte in Besitz und rückte endlich mit einer großen Armee auf Friedrich und seinen Bruder Diezmann los; diese gingen ihm entgegen, und Albrecht von Österreich wurde am 31. Mai 1307 bei Lucka (Lücken) im Fürstentum Altenburg völlig geschlagen. Da seine Truppen vornehmlich aus Schwaben kamen, erhielt sich die Redewendung: »Es wird dir glücken wie den Schwaben bei Lücken!« Albrecht, obgleich mit einer wieder zusammengebrachten Armee Thüringen aufs Neue verwüstend, konnte doch nichts gegen Friedrich ausrichten: Er zog sich zurück. Kunigunde von Eisenberg war 1286 gestorben, und Vater Albrecht der Entartete heiratete erneut: Elisabeth von Orlamünde (*um 1265; †1327). Sie vermochte es, den Vater mit seinen Kindern zu versöhnen. Albrecht trat Friedrich Thüringen für ein Jahrgeld ab und verstarb 1314 in Erfurt. Die Fehde mit Albrecht von Österreich war nicht beendet. Diezmann brachte sie den Tod, er wurde am Heiligen Abend 1307 in der Thomaskirche zu Leipzig ermordet. Friedrich dem Gebissenen fiel damit auch der Landesanteil seines Bruders zu, »so wurde Friedrich nun nicht nur alleiniger Markgraf zu Meißen und Lausitz, und Landgraf zu Thüringen, sondern er vereinigte auch die vorherigen Reichsstädte Altenburg, Chemnitz und Zwickau mit seinem Lande, und ließ im folgenden Jahre in demselben einen allgemeinen Frieden anbefehlen, auch zu dessen Haltung Adel und Bürger sich eidlich verbindlich machten«. Der Friede hielt nicht lange, und Friedrich stand im Krieg mit Kurfürst Woldemar von Brandenburg (*um 1280; †1319). 1317 setzte dieser ihn in Haft, und Friedrich erhielt seine Freiheit nur unter der Bedingung wieder, dass er Woldemar eine Summe von 30.000 Mark Silber zahlte und ihm die Niederlausitz abtrat.

»Nach so vielen Stürmen seines Lebens konnte er endlich seine Länder noch einige Jahre in Ruhe besitzen, bis er 1326 (auf der Wartburg) starb, nachdem ihn einige Zeit vorher ein Schlagfluß getroffen hatte.« Sein Grab befindet sich in der Georgenkirche zu Eisenach. Friedrich dem Gebissenen aber »bleibt der Ruhm, sich unter vielen widrigen Schicksalen und gegen vielfältige Feinde, sogar gegen zwei Kaiser, muthig und siegreich behauptet zu haben«.

ⓘ Wartburg: Auf der Wartburg 1, 99817 Eisenach
Georgenkirche Eisenach: Marktgasse, 99817 Eisenach
Kloster Altzella: Zellaer Straße 10, 01683 Nossen
Wettinbrunnen Lucka: Altenburger Straße, 04613 Lucka

Der Mörder war's, von wegen ein Drache!

Versteckt an der Rückfront der Leipziger Nikolaikirche ist in der Mauer ein Hufeisen mit Loch zu erblicken. Mehrfach übermalt, hängt es hinter einem Fensterkreuz und wird übersehen. Historiker meinen, dass es zu Ehren des um 1450 verstorbenen Meisters der Hufschmiede angebracht wurde. Kindern erzählt man, dass das Eisen vom Heiligen Georg her stammt, der die Stadt vorm Lindwurm errettete.

»Ein Drache hauste in grauer Vorzeit im Auenwald und lehrte die Bauern das Fürchten, denn ohne Vorhersage überfiel er deren Gehöfte und fraß alles Lebende samt Menschen hinweg. Natürlich litten dies die Bewohner sehr ungern und griffen zu Messer, Degen und Schwert und rückten dem gefährlichen Untier damit zu Leibe. Doch ein Drache hat harte Haut, die wirkt wie ein Panzer. Schwer zu durchdringen ist sie, so er überhaupt den Feind an sich ranlässt. Das Vieh also blieb leben und versorgte sich weiter aus der umliegenden Wirtschaft. Die Bürger verlegten sich nun aufs Verhandeln, und der unmenschliche Drache gab nach. Das Biest verlangte nur, ordentlich zu fressen zu kriegen. Zwei Kühe oder Schweine wären täglich Ration, und nicht, dass man ihm Hühner oder Mäuse vorsetze, davon würde ja ein Tier seiner Größe niemals nicht satt. So also trieben ihm die Bauern ihr Milch- und Borstenvieh zu und waren bald ohne. Doch verlangte der Lindwurm nach weiterer Nahrung. Es blieb nichts weiter übrig, als ihm Menschen zum Fraß vorzuwerfen. Bücher berichten, die seien nicht nur Drachen bekömmlich. Aber man griff nicht wahllos in die Menschenmenge, nein, man loste unter der Bevölkerung aus, wer sich als Nächstes der Allgemeinheit opfern musste. Ein frühes Beispiel hiesiger Demokratie. Nun stand unweit des Rosenthals eine Burg oder ein Schloss, darauf ein freundlicher und gerechter König regierte. Neben seiner bildschönen Frau besaß er eine Tochter, an der sich kaum ein Mensch sattsehen konnte. Aber welch Jammer! – das Los traf die holde Prinzessin, sie musste sich in ihren Tod schicken (lassen). Doch – welche Fügung! – justament, als man die Schöne zur Mahlzeit hinführte, ritt heran auf hohem Ross der Heilige Georg. Der kannte die verwundbare Stelle des Ungetüms und erlegte den Drachen mit langer Lanze durchs offene Maul. Lindwurm verendet, Volk glücklich. Natürlich auch Vater und Tochter in heller Freude. Und der König fragte, was denn der Georg zum Lohn für seine Heldentat möchte. Pleißnerland und Prinzessin lehnte der Heilige ab, forderte nur, statt seinem kaputten ein neues Hufeisen fürs Ross. Das tat der König, und der Heilige Georg ritt im Galopp von dannen. Der König hob's alte Hufeisen auf und ließ es zum Angedächtnis an der hinteren Kirche anbringen. Dort ist es noch heute zu sehen. Sehr schön aber auch.« Als Beweis dafür dürfte gelten, dass ein Leipziger Haus seit dem Mittelalter Lindwurms Namen trägt, auch heißt das seit 1212 existierende Stadtkrankenhaus: St. Georg.

Andere erzählen andere Geschichten zum alten Eisen. Die Tochter eines Schmiedes hatte sich unstandesgemäß verliebt, der Vater wollte sie einem finanziell besser Stehenden anvertrauen. So zog der verschmähte Junge ins Altenburger Land und verdiente. Seiner Geliebten ließ er eines Tages die Nachricht zukommen, dass er sie bei Vollmond zu sich holen würde, dann würden sie ihr gemeinsames Leben beginnen. Und genauso geschah es denn auch: Die Verliebten fanden zueinander und fuhren einer glücklichen Zukunft entgegen. Und da der junge Mann arbeitsam und ebenfalls Schmied war, verzieh ihm sein Schwiegervater, denn gerechnet hatte sich in seinen Augen die Eheverbindung schließlich doch. Als Symbol für die Treue und ewige Liebe brachte man das Hufeisen an der Nikolaikirche an, auf dass auch andere ihr Glück finden mögen.

Doch wahr ist manchen die Geschichte vom Mörder des Markgrafen Diezmann (*um 1260; †1307). Diezmann und sein Bruder Friedrich der Gebissene (*1257; †1323) lagen im Kampfe zuerst mit dem Vater und dann mit Kaiser, König und Fürsten, die es auf ihr Land abgesehen hatten. Siegreich hatten die Brüder die Schlacht um Luckau im Mai 1307 bestanden. Abt und Mönche zu Pegau hatten auf der Seite des Kaisers gestanden, ihr Kloster wurde geplündert und abgebrannt. Monate später begab Diezmann sich zur Weihnacht nach Leipzig. Doch hatten seine Feinde noch längst keine Ruhe gegeben. Als der Markgraf an der Nikolaikirche vorbeiritt, scheute sein Pferd. Der Huf hinterließ in der Mauer ein unübersehbares Zeichen. Der Tross ritt weiter zum Augustiner Chorherrenstift, um am Frühgebet der Mönche am Heiligen Abend teilnehmen zu können. Man band die Rosse, begab sich in den Chor der Kirche St. Thomas und kniete nieder. Da sprang hinter den Säulen der gedungene Mörder hervor und stach zu. »Gewalt! Gewalt!«, konnte Diezmann noch rufen, doch vermochten die herbeieilenden Diener ihren Herrn nicht mehr zu retten. »Der Mörder wird noch in der Kirche gestellt. Man verhört ihn aufs strengste, schleppt ihn zur Hinrichtungsstätte. Unterwegs wird er mit glühenden Zangen gerissen, doch es kommt kein Wort über seine Lippen, wer die Anstifter der Meucheltat sind. Man rädert ihn an Armen und Beinen und legt ihn lebendig aufs Rad, bis er sein Leben aushaucht. Die Leipziger sind gewiss, dass Philipp von Nassau und der Probst von Pegau hinter dem Anschlag stecken.« Nun habe man als Erinnerung daran, dass Diezmanns Pferd scheute, an die Kirche das Hufeisen angebracht. Nach anderen Quellen konnte der Mörder entkommen, doch auf seiner schnellen Flucht vom Tatorte weg habe sein Pferd das Eisen vom Hinterlauf verloren, es sprang vom Huf und blieb an der Nikolaikirche hängen.

Wie dem auch sei: Diezmanns Grab befindet sich in der Thomaskirche und zeigt den Helden in schwerer Rüstung. Vielleicht ist es das Sinnbild des Drachens er selbst.

ⓘ Nikolaikirche Leipzig: Nikolaikirchhof 3, 04109 Leipzig
Thomaskirche Leipzig: Thomaskirchhof 18, 04109 Leipzig
Haus »Zum Lindwurm«: Thomaskirchhof 13, 04109 Leipzig
Klinikum St. Georg: Delitzscher Straße 141, 04129 Leipzig

Alcatraz sächsisch

Du lüsternds Auge / Komm in Meißnische Revieren /
Und lasse nur Begier zu Wunder-Dingen spühren /
Da wird dir kommen für der ädle Königstein / Desgleichen anderswo wird nicht zu finden seyn«, las man bereits im Jahre 1692. Und ohne Zweifel: »Einer der interessan-
testen Gipfel der Felsenwelt der Sächsischen Schweiz ist der
Königstein, zugleich auch eine der berühmtesten und merk-
würdigsten Bergfestungen Deutschlands. Bespült an seinem
Fuße von den Fluten des lieblichen Elbstroms, liegt der Königstein, ein freistehender Felskegel, gegenüber seinem auf
der rechten Seite der Elbe aus dem Thale mächtig empor-
steigenden Zwillingsbruder, dem durch kühne, hochaufstre-
bende Formen sich auszeichnenden Lilienstein. Schon aus
weiter Ferne durch die weißschimmernden Felsenwände
und die auf der Plattform befindlichen Gebäude erkennbar,
gleicht der Königstein einem Felsenneste, das durch seine
drohend ins Thal hinabschauenden Kanonen den Elbstrom
und die Böhmische Bahn gegen eine durch das Elbthal vor-
dringende feindliche Armee beherrscht.«
250 Meter über dem Elbfluss erhebt sich das Plateau des Ta-
felbergs. 42 Meter fallen die steinernen Wände senkrecht
nach unten. Bereits die Sorben erkannten die strategisch
gute Lage und nutzten den »Kunygenstain« als Vorposten
der Sicherheit. Oft war der Fels Gegenstand von Fehden und
Machtspielen. Lange Zeit gehörte er zum böhmischen Königreich. Markgraf Wilhelm II., genannt der Reiche (*1371;
†1425), brachte ihn 1408 endgültig in wettinischen Besitz
und vergaß ihn. Die Hussiten brannten die Reste noch nieder. Georg der Bärtige (*1471; †1539) hielt in seiner Regentschaft am Katholizismus fest und machte den Königs-
stein zum Kloster, die Cölestinermönche kamen vom Oy-

bin. Doch »das Morgenrot einer neuen Zeit leuchtete auch in die Zellen des auf einsamer Höhe gelegenen Klosters, und bewegt von dem wunderbaren Gesange der Wittenberger Nachtigall und mächtig ergriffen durch die kühnen volksbewegenden Worte des Wittenberger Mönchs, dessen gewaltige Hammerschläge auch an die Thore des Cölestinerklosters vernehmlich gepocht hatten, verließ die kleine Schar der Mönche, der würdige Prior an der Spitze, das Kloster auf dem Königstein und zog mit Jauchzen und Frohsinn durch die finstere Klosterpforte hinaus in Gottes schöne, weite Welt.«

Unter Kurfürst August (*1526; †1586) erhielt der Königstein eine militärische Bedeutung, und »Vater August« verpflichtete 1563 den Freiberger Bergbaumeister Martin Planer, einen Brunnen auf dem Felsplateau zu graben. Vierzig Jahre hat's gedauert, bis man auf Wasser stieß. Mit 152,5 Metern ist der Brunnen der zweittiefste in Europa. 5,5 Sekunden braucht's, um unten wieder aufzuschlagen. Ein formidables Brunnenhaus umkleidet das Erdloch. Augusts Sohn, Christian I. (*1560; †1591), baute nun den hohen Fels zur Festung aus. Klüfte und Spalten wurden mit Mauern verfüllt und wirken wie mit dem Gestein verschmolzen. »Eine Anzahl Gebäude, wie die Georgenburg, die Friedrichs- oder Christiansburg, nach ihren fürstlichen Erbauern genannt, wurde auf der Plattform des Felsens errichtet. Bombenfeste, in die Felsen gearbeitete gewölbte Kasematten wurden angelegt, in welchen bei einer Belagerung die Besatzung vor den feindlichen Kugeln geschützt sein sollte.« In diese Gewölbe brachte man in den großen Kriegen 1756, 1813, 1939–45 zur Sicherheit die Dresdner Kunstschätze. »Rings um den Felsen am Rande der Plattform errichtete man zahlreiche Bastionen und hohe Brustwehren, durch deren Schießscharten die Mündungen der Kanonen lugen, aus denen in Zeiten des Krieges die Tod und Verderben bringenden Kugeln hinab ins friedliche, blühende Thal geschleudert werden. Liebliche Gärten mit den duftigsten Blumen und blühenden Obstbäumen, welche die Wohnungen der Offiziere und Beamten umgeben, und gut gepflegte Anlagen mit lauschigen Plätzen lassen auf Augenblicke ganz vergessen, daß man sich auf einer Bergfeste befindet.«

Steht man am Fuße der Festung und »schaut an den hohen, senkrechten, stellenweise sogar überhängenden Felsen empor, so wird man es begreiflich finden, daß die Festung früher für unüberwindlich gehalten wurde. Ein Aushungern schien ebenso unmöglich zu sein wie eine Erstürmung; denn die in den Kasematten untergebrachten Vorräte konnten nicht vernichtet, der Ersatz infolge der Möglichkeit eigener Wiederherstellung nicht verhindert und das Brunnenwasser nicht abgegraben werden. Die Festung ist denn auch in keinem der vielen Kriege, in welchen Sachsen als Kriegsschauplatz diente, von Feindeshand genommen worden.« Und das Spottlied, »Auf der Festung Königstein, juppheidi, juppheida«, ist auf die autark funktionierende Lebensgemeinschaft zurückzuführen.

Die Tourismus-Werbung verheißt heute: »Festung Königstein – Schon erobert?« Wohl wahr, kein Feind drang je hinter die festen Mauern. Doch war es nie nötig, hier Kämpfe zu führen. Im Siebenjährigen Krieg kapitulierten die Sachsen vorm Felsen. Besetzt hatten den Königstein nach Niederlagen sowohl die Preußen als auch Franzosen, Russen und Sowjetsoldaten. Strategisch war die Festung nie von Bedeutung. Aber es sagt sich gut: »Die Krone Sachsens ist vollendet – gerüstet gegen jeglichen Angriff.« Sagenhaft: Dem Ofensetzer Sebastian Abratzky gelang es 1848, von unten her entkräftet über die Mauer zu steigen.

Als Gefängnis förderte der Königstein selbst seinen Mythos. Namhafte saßen hier in Zellen. Knapp tausend Inhaftierte verzeichnen die Bücher. Johann Friedrich Böttcher experimentierte in der Georgenburg. Andersdenkende wie Michail Bakunin, August Bebel und Fritz Heckert hatte man hier inhaftiert, aber auch die Satiriker Frank Wedekind und Thomas Theodor Heine. Mehrmals diente die Festung als Kriegsgefangenenlager für ranghohe Offiziere. Am 17. April 1942 gelang Henri Giraud gar die Flucht aus den Gefängnismauern und vom Berg hinab durch Deutschland. Er hätte Bindfäden zum Seil geflochten und darein den Kupferdraht gewoben, den seine Frau im Päckchen geschickt hatte. Giraud lernte akzentfrei Deutsch und prägte sich die Landschaft von der Karte ein. Weder Deutsche noch Franzosen konnten die Geschichte glauben. Der General, er blieb umstritten, von seinem Coup erzählt man gern.

Unbestritten: Lage und Blick vom Fels sind einzigartig, und 9,5 Hektar Festung suchen ihresgleichen. Der Wallgang ist 1.800 Meter lang. 42 Meter sind die Mauern hoch. Das größte Weinfass aller Zeiten, in das 2.386 Hektoliter passten, ward hier oben wohl gefüllt. Allein vom Fass existieren nur noch Kupferstiche. Noch sagenhafter Carl Heinrich von Grunau, der »einst im Weinrausch / Im Fensterbogen schlief / Gleich neben ihm der Abgrund / Gähnt unten schaurig tief. / Der Churfürst läßt ihn leise / Ans Fenster binden fest / Worauf er durch Trompeter / Alsdann ihn wecken läßt. / Der Schläfer mit Entsetzen / Schaut seine Lagerstätt' / Noch heute heißt im Volksmund / Das Fenster: Pagenbett.«

ⓘ Festung Königstein: 01824 Königstein

Kunz von Kauffungen

Kunz von Kauffungen mit zwei Rittern
Saß in der Waldschenk und trank einen Bittern.
Da besoff sich einer von den Rittern,
Fiel untern Tisch, dass die Wände zittern.

Kunz von Kauffungen mit einem Ritter
Saß in der Waldschenk und trank einen Bittern.
Da besoff sich der andre von den Rittern,
Fiel untern Tisch, dass die Wände zittern.

Kunz von Kauffungen ohne die zwei Ritter
Saß in der Waldschenk und trank einen Bittern.
Kunz von Kauffungen ohne die zwei Ritter
Fiel endlich selbst ab – die Wände zittern!

Kunz von Kauffungen mit zwei Rittern
Lag unterm Tisch, besiegt vom Bittern.
Da erholt' sich einer von den Rittern,
Saß in der Waldschenk und trank einen Bittern.

Kunz von Kauffungen mit einem Ritter
Schnarcht' unterm Tisch, dass die Wände zittern.
Da erholt' sich der andre von den Rittern,
Saß in der Waldschenk und trank einen Bittern.

Kunz von Kauffungen ohne die zwei Ritter
Schnarcht' unterm Tisch, dass die Wände zittern.
Endlich erholt' sich Kunz gleich den zwei Rittern,
Saß in der Waldschenk und trank einen Bittern.

Kunz von Kauffungen mit zwei Rittern

Ließ nach diesem Vorfall die Pferde füttern.
Kunz von Kauffungen mit seinen Rittern
Ritt nach Chemnitz und trank einen Bittern.

Da besoff sich einer von den Rittern,
Fiel untern Tisch, dass die Wände zittern.
etc. etc.
Da capo in infinitum

Joseph Viktor von Scheffel (*1826; †1886)

Landesweite Fahndung: Prinzen entführt!

Hart an der Landstraße, welche vom Dorfe Callenberg nach Waldenburg führt, nur 200 Schritte vom Rittergut entfernt, steht eine mächtige Eiche; sie zählt zu den Riesen ihres Geschlechts. Die Eiche soll an den Prinzenraub erinnern, behauptet der Volksmund. In der Tat war ein Dietrich von Kaufungen Besitzer des Gutes Callenberg, als sein Vetter (nach anderen Chroniken sein Bruder) Kunz von Kaufungen sein tollkühnes Unternehmen vollbrachte. Dietrich büßte seine Mitschuld mit dem Tode und soll am 30. Juli 1455 zu Altenburg enthauptet worden sein. In der Rüstkammer des Altenburger Schlosses wird noch ein Schwert gezeigt, durch welches sein Haupt fiel.« Die Geschichte des Kunz von Kaufungen macht noch heute Furore, und man erzählt sie sich gern.

Friedrich der Streitbare (*1370; †1428), jener auf den 1423 der Landesname Sachsen kam, war als Regent Markgraf von Meißen, Landgraf von Thüringen, Herzog, Kurfürst und Pfalzgraf von Sachsen. Nach seinem Tod wurde er als Erster des Wettiner Herrschergeschlechts in der Domkapelle zu Meißen beigesetzt. Friedrichs Söhne, Friedrich der Sanftmütige (*1412; †1464) und Wilhelm der Tapfere (*1425; †1482), stritten um Vaters Erbe. Ihr Plan der Altenburger Teilung sah vor, das Sachsenland gerecht zu spalten in die Markgrafschaft zu Meißen und andererseits in Thüringen und die sächsischen Besitzungen in Franken. Friedrich der Sanftmütige hatte die Wahl und wählte den Westen, was Plänen von Wilhelm dem Tapferen zuwiderlief. Er bestand auf die Regentschaft des thüringischen Landstrichs. In Folge kam es zum fünf Jahre dauernden, erbittert geführten Sächsischen Bruderkrieg.

Auf Friedrichs des Sanftmütigen Seiten stand im Kampfe unverrückbar treu und ehrlich Konrad von Kaufungen, genannt Kunz. Zeitgenossen beschreiben ihn »als einen tapfern Krieger und völlig unerschrocken, zum Streite stets bereiten Mann«. Wahrscheinlich im zweiten Jahrzehnt des 15. Jahrhunderts zu Kaufungen (heute Ortsteil von Limbach-Oberfrohna) geboren, »fielen seine Jünglingsjahre in die Gräuelperiode des Hussitenkriegs«, so wurde Kunz im »rohesten Junker- und Ritterthume erzogen, jedoch können wir ihm keineswegs das moralische Gefühl absprechen«. Die Familie jener von Kaufungen zählte zum verarmten Adel. Durch Heirat war Kunz in die Reihen der Getreuen von Friedrich aufgestiegen und hatte Amtsstelle und -sitz zu Altenburg erhalten. Im Bruderkrieg stand Kunz nicht nur zur Gefolgschaft Friedrichs, sondern er erklärte höchstpersönlich dessen Bruder Wilhelm dem Tapferen die Fehde. Kunz erlangte im Kampfe brutalen Ruf, und sein Besitz wurde dem Erdboden gleichgemacht. Fürst Friedrich dankte seinem Helden und schuf ihm für seine Ruhmestaten materiellen Ausgleich. Er überließ Kunz Hab und Gut in Kriebstein und Schweikershain. 1451 brachten Verhandlungen den Naumburger Frieden, und Friedrich nahm Land und seine Gaben von Kunz einfach wieder fort, und es war nicht zu übersehen, »daß der Kurfürst, der den schönen Namen des Sanftmüthigen trägt, wirklich in böslicher Absicht gegen Kunz weniger sanft und wohlwollend sich gezeigt, als es viele Andere zu geschehen pflegten, die sich wirklich gegen ihn, Land und Leute vergangen hatten«. So zog Kunz von Kaufungen erbost vor Gericht und verlor. »Erlauchter, hochgeborener Herr, wisse, daß ich wegen der Sache, die Ihr in meiner Schuldangelegenheit getan habt, Euer und aller Euren Feind sein werde.« Kunz sammelte seine Kameraden, darunter auch Dietrich, den Vetter. Die dreißig Mann planten das sagenhafte Verbrechen. Sie wussten die Söhne Friedrichs, Ernst (*1441;

†1486) und Albrecht (*1443; †1500), fast unbewacht auf dem Altenburger Schloss, denn Küchenjunge Hans Schwalbe war eingeweiht und hatte Kunz einen Brief geschrieben: »Ehrbar, strenge, lieber Junker! Da der Kurfürst fest beschlossen hat, morgen Sonntags nach der Frühmesse nach Leipzig zu verreisen mit den meisten Hofleuten, auch Montags abends der Kanzler ein Eheverlöbnisfest in seinem Hause ausrichten wird, wobei verschiedene Hofleute sein mögen, und auf dem Schlosse zu der Zeit allein der alte Erasmus den Trabantendienst hat, welcher zuvor eingeschläfert werden kann, und der Pförtner bettlägrig ist, so muß ich Euch dies mitteilen, um in angelobter Treue Euch aufmerksam zu dienen und Euerer Veranstaltung nachzukommen. Wonach Ihr Euch richten mögt. Ergeben zu Altenburg den 5. Juli 1455 Hans Schwalbe.«

Nun war es Kunzen ein Leichtes, denn er kannte vom Schloss Anlage und Gänge. Und doch, berichtet der Volksmund, habe sich die Untat angekündigt: »Zuförderst wollte man in Altenburg am Tage vorher die Glocken von selbst sich zum Geläute bewegen gesehen und sogar ertönen gehört haben. Ueberall hatte man namentlich in und um das Schloß herum unheimliche Töne und seltsames Geräusch vernommen. Das verschlossene Hofthor sollte am Abende vor der Abreise des Kurfürsten von selbst aufgesprungen sein, und schwere Tritte eines Geharnischten waren mehrere Tage vorher besonders in der Nähe des Prinzenzimmers, wo sie jedesmal hafteten, vernommen worden.«

In der Nacht vom 7. zum 8. Juli warf nun der Küchenjunge Hans eine Strickleiter die Schlossmauer herunter. »Während man nun in der Stadt in des Kanzlers Hause lustig und guter Dinge war, schickte sich Kunz von Kaufungen zur Vollführung seiner verzweifelten That an. Um die elfte Stunde stieg er mit seinen Nachfolgern auf der Leiter nach oben.« Er eilte sofort »nach dem Schlafgemache der beiden Prinzen und öffnete dieses durch seine Künste und nahm sie uß ihrer Ruhe«. Vielleicht hat sich Albrecht (11 Jahre alt) noch unter dem Bette verborgen, es half nichts, die Entführer nahmen ihn und seinen Bruder Ernst (13 Jahre alt) mit sich. Die Kurfürstin sei durch die ungewöhnlichen Geräusche vorm Zimmer aus ihrem Schlaf aufgeschreckt und habe noch aus dem geöffneten Fenster gerufen: »Lieber Kunz, thue nicht so übel an mir und meinem lieben Herrn, schone meine Kinder, es sollen alle deine Sache noch gut werden!«

Dem Kurfürst überbrachte man Nachricht in Eile nach Leipzig, und am Morgen läuteten alle Glocken des Landes und gaben vom Prinzen-Kidnapping Kunde. Wehrhafte Mannen machten sich mit Armbrüsten und Spießen an die Verfolgung. Es hätte »alles gewibbelt, gekribbelt und sich beweget«. Man war sich der Laufrichtung der Täter »in die wilde Ecke« gewiss, das heißt »in die Rabensteinschen und Thalheimer Wälder, die in der Pflege von Elterlein, an der damaligen böhmischen Herrschaft Schwarzenberg sich verlief«. Die Entführer aber trennten sich, um ihre Erlangung noch zu erschweren. Nun sagt die Chronik, dass Kunz mit dem pfiffigen Albrecht bis »jenseit den Closter, genannt Grünhein, gekommen sei, do alßdann von ungeschick ein armann kam und vormarckte, daß er den jungen Herrn gefangen fürte«. Es war der junge Urban, der seinem Oheim, dem Köhler Georg Schmidt, dann Meldung machte: »Im Walde dort werdt Kunz ertapt, da wollt he Beeren naschen.« So wird Albrecht den Tätern entrissen, Kunz wirft man zunächst in den Zwickauer Kerker. Seine Kumpane ergaben sich wenige Tage später. Sie harrten mit Ernsten südlich von Hartenstein in einem Bergwerksstollen und hofften auf ein milderes Urteil. »Prinzenhöhle« nennt man heute den Ort. Am 12. Juli überstellte man Kaufungens Kunz nach Freiberg. Nach kurzem Prozess wurde er nachmittags am 14. Juli 1455 auf dem Freiberger Marktplatz unmittelbar vor dem Rathaus enthauptet.

Hans Schwalbe, den Küchenjungen, der die Strickleiter hinabwarf, vierteilte man auf dem Zwickauer Markte, nachdem man ihn mit glühenden Zangen gerissen hatte.

Die schaurig Mär aus der sächsischen Landesgeschichte hinterließ sichtbare Spuren. Am Originalschauplatz wird die Geschichte des Sommers als Schauspielspektakel aufgeführt. Teile der Strickleiter sieht man im Rathaus zu Freiberg und im Schlossmuseum Altenburg. Die überglückliche Mutter stiftete der Wallfahrtskirche in Ebersdorf einen Altar, was der Papst ihr bestätigte. Seine Urkunde wurde später als *Plagium Kauffungense*, als eine Fälschung, entlarvt. Doch übergaben die hohen Herrschaften dem Gotteshaus die Kleider der Jungen und die Kappe des Köhlers, der Kunz von Kaufungen gefangen genommen hatte. Diese sagenumwobenen Textilien werden noch heute in Ebersdorf aufbewahrt. Die Augen des steinernen Gesichts am Rathauserker zu Freiberg blicken genau auf die Stelle, wohin Kunzens Kopf nach seiner Enthauptung rollte. Da ist auch heute der Pflasterstein blau. Dreimal drauf spucken, bringt Glück.

ⓘ Burg Kaufungen: Uhlsdorfer Straße 5, 09212 Limbach-Oberfrohna
Rittergut Callenberg: Altenburger Straße 28, 09337 Callenberg
Prinzenhöhle Hartenstein: Talstraße 3, 08118 Hartenstein
Schlossmuseum Altenburg: Schloss 2–4, 04600 Altenburg
Rathaus Freiberg: Obermarkt 24, 09599 Freiberg
Stiftskirche Ebersdorf: Mittweidaer Straße 79, 09131 Chemnitz

Wie sich ein Wettiner zu helfen wußte

*Ein Regent soll sich vor nichts fleißiger hüten
als vor dem geschwind Antworten.*

Friedrich der Weise (*1463; †1525)

Herr Friedrich der Weise
Ist sicher euch bekannt,
Der neununddreißig Jahre
Beherrscht das Sachsenland.

Aus seinen Jugendjahren
Ward mir ein Stücklein kund,
Und meinen lieben Kindern
Erzähl' ich es jetzund.

Gar lustig ist's zu hören,
Wie er als Prinzlein fein
Schon zeigte, daß er wacker
Besteh' für sich allein.

Und welch ein Mann er werde,
Das wurde damals klar
In Penig bei den Töpfern
Herrn Friedrichs Höflingsschar.

Das Städtlein Penig nämlich,
Das rühmte dazumal
Von grundgeschickten Meistern
Sich einer großen Zahl,

Die schon in ihrem Handwerk
Das Möglichste errang;
Das Wunderbarste aber
Den Fleißigen gelang,

Als einen Topf sie brannten
(Die Arbeit war nicht klein),
Der ganz bequem und sicher
Barg fünfzehn Eimer Wein.

Dies neue Weltenwunder,
Den Riesentopf zu schau'n,
Kam Schar auf Schar gezogen
Von Männern, Kindern, Frau'n,

Aus Sachsens fernsten Fluren
Und weiter noch hinaus.
Man feierte den Riesen
Bei Becherklang und Schmaus;

Die Schöpfer auch natürlich
Von solchem Meisterwerk. –
Der Sachsenprinz, Herr Friedrich,
Nahm, nicht zuletzt, Vermerk

Von dem, was von dem Topfe
Zu Penig man erzählt.
Hat drauf sich flugs das Städtchen
Zum Reiseziel erwählt.

Von Höflingen begleitet,
Gelangt er auf den Platz,
Wo gut verwahret stehet
Der weltberühmte Schatz.

Die Ratsherrn und die Bürger,
Die standen wartend schon;
Nun jubeln sie entgegen
Dem teuren Fürstensohn.

Der grüßt sie voller Hulden,
beschaut sich dann den Topf
Und schüttelt voll Verwundrung
Den jugendlichen Kopf.

Es reiz ihn, auch das Innre
Des Ungetüms zu sehn.
Flugs heißt er seine Mannen
Nach einer Leiter gehn.

Auf der nun steigt behende
Herr Friedrich in den Schlund;
Wie gut ihm das behaget,
Thut frohes Lachen kund.

Hofjunker Curt von Schönberg,
Ein Herr von witz'ger Art,
Des Fürstensohns Begleiter,
Streicht sich verschmitzt den Bart

Und murmelt dann vergnüglich:
»Heut lernest du, mein Sohn,
Was nie dir konnt' entlocken
Der allergrößte Lohn:

Heut öffnet eine Bitte
Für dich die Lippe dir,
So sicher als der Himmel
Sich wölbet über mir!«

Da winkt er, und die Mannen
Ziehn rasch die Leiter auf;
Des Prinzen frische Stimme
Tönt auch sofort herauf:

»Wer nimmt mir meine Stiege?
Hier unten wird's zu heiß …
Ein Fant doch, der in Nöten
Sich nicht zu helfen weiß!«

Kaum ist das Wort verhallet,
Ertönt ein lauter Krach;
Als Echo scheint im Kreise
Ein hundertstimmig »Ach!«

Aus dem geborstnen Topfe,
Den seine Faust zerschlug,
Tritt wie aus einer Thüre,
Jung Friedrich rasch genug.

Und hundert Stimmen rufen:
»Herr Friedrich lobesam,
Hast wacker uns verbürget,
Was einst wir an dir ham!

Und schlugst du auch in Scherben
Heut Penigs Wundertopf,
Wer darum sich beklagte,
Der wär fürwahr ein Tropf;

Denn herrlich aus den Trümmern
Uns die Gewähr ersteht,
Das Sachsens Wohlfahrt nimmer
Bei dir in Scherben geht!«

Die wackren Töpfer kamen
Auch sonst zu Schaden nicht;
Urkundlich ist geworden
Uns davon der Bericht.

Wie Friedrich bei dem Vater
Nach seiner kecken That
Für Penigs wackre Töpfer
Sich hohe Kunst erbat.

Der schenkt den braven Meistern
Für ihren Topfkoloß,
Was sonst durch ihre Steuern
In seinen Säckel floß.

Und als bekannt geworden
So hohe Fürstenhuld,
Wünscht mancher sich im Stillen
Auch in des Prinzen Schuld.

Marie Schramm-Macdonald (*1846; †1908)

ⓘ Grab in der Schlosskirche Wittenberg: Schlossplatz 1,
06886 Lutherstadt Wittenberg
Standbild Friedrich des Weisen von August Streitmüller (1901):
Markt Buchholz, 09456 Annaberg-Buchholz

Früchte aus Vaters Garten

Er selbst nannte sich nach großem Vorbild »Augustus« und war seinem Volke ein solch »trefflicher Landesvater«, dass es ihn alsbald »unser Vater August« nannte. August von Sachsen (*1526; †1586) wurde als zweiter Sohn Heinrichs des Frommen (*1473; †1541) in Freiberg geboren, studierte zu Leipzig und hatte »sich am Hofe des Königs Ferdinand (*1503; †1564) in Prag und Innsbruck aufgehalten, wo er mit dessen Sohne Max, dem nachmaligen Kaiser Maximilian II. (*1527; †1576), eine herzliche Freundschaft schloß«. Zweiundzwanzig Jahre alt, vermählte August sich in Torgau mit der sechzehnjährigen Prinzessin Anna von Dänemark (*1532; †1585). Anlässlich der Heirat übertrug ihm sein älterer Bruder, Moritz von Sachsen (*1521; †1553), die Verwaltung des Bistums Merseburg und als Wohnsitz das Schloss Wolkenstein im Erzgebirge.

Im Zweiten Markgrafenkrieg 1552–54 kämpften alliierte Fürsten, darunter Sachsen, gegen das Söldnerheer von Markgraf Albrecht Alcibiades von Brandenburg-Kulmbach (*1522; †1557). In der Schlacht bei Sievershausen wurde Moritz am 9. Juli 1553 so schwer verletzt, dass ihn zwei Tage später der Tod ereilte. August erbte Macht und alle Titel: »Augustus, Herzog von Sachsen, des Heiligen Römischen Reiches Erzmarschall und Churfürst, Langraff in Döringen, Marggraff zu Meissen und Burggraff zu Magdeburg«, und bezog das Residenzschloss Dresden. »Konnte sein Vorgänger das Schwert kaum aus der Hand legen, so war es August möglich, die Werke des Friedens zu pflegen; denn während seiner dreiunddreißigjährigen Regierung ruhten fast immer die Waffen. Er heilte die Wunden des Landes, die der Krieg geschlagen hatte, und mehrte die Wohlfahrt seines Volkes.« Seine Zeitgenossen nannten ihn »des deutschen Reiches

Herz, Hand und Auge«, und Augusts große Gerechtigkeits- und Friedensliebe empfahl ihn vielen Fürsten zum Friedensrichter und Schlichter ihrer Zerwürfnisse.

Neben der Politik prägte Vater August vor allem Sachsens Landwirtschaft. »Der Obst- und Gartenbau kamen zu einer Blüte, welche zuvor nicht geahnt war. Der Kurfürst gründete Mustergüter zu Ostra und Gorbitz, verschrieb edle Pferde und Rinder und ließ an der Wilsdruffer Vorstadt von Dresden eine große Schäferei erbauen, um hinreichenden Wollvorrat für die des Glaubens halber aus den Niederlanden, dem heutigen Holland, und Belgien geflüchteten und in Sachsen aufgenommenen Tuchmacher zu gewinnen. Ihrer waren 20.000, und mehr noch als 20.000 zogen aus anderen Gegenden herzu. Dieselben ließen sich in den Städten Oschatz, Wurzen, Torgau, Liebenwerda, Elsterwerda, Cottbus, Görlitz, Bautzen und Kamenz nieder, welche ihnen der Kurfürst angewiesen hatte. Noch heute herrscht dort die Tuchfabrikation.«

Der Kurfürst selbst griff zu Grabscheit, Hacke, Rechen, Säge und Messer. Er führte ein Lager von Obstkernen der besten Sorten und nahm Säcke davon mit auf seine Reisen, um Bauern jederzeit neue Sorten empfehlen zu können. Er verlangte, dass jedes frischvermählte Paar mindestens zwei Obstbäume setze und handelte gemäß dem Spruche: »Auf jeden Baum / Pflanz' einen Baum / Und pflege sein: / Er bringt dir's ein.« Um noch wirksamere Erträge zu erzielen, ließ er ein »künstlich Obst- und Gartenbuch« drucken. Treibhäuser waren zu jener Zeit zwar äußerst selten, doch August hatte deren belebendes Klima erkannt und besaß derer mehrere. »An besonders geschützten Stellen seiner schönen Anlagen prangten im Sommer Lorbeer und Myrte, Feige und Rose, Tabak und Rosmarin in natürlichem Wachstum oder in künstlich verschnittenen Formen.« Der Weinbau war schon im ersten Jahrhundert durch die Bischöfe von Meißen im

Elbtal begründet worden, »das Verdienst aber, gute und edle Sorten aus Frankreich eingeführt zu haben, gebührt Vater August. Wüste Gegenden kaufte der Kurfürst an und ließ sie urbar machen. Die Annahme, daß er von Wolkenstein aus, welches er oftmals besuchte, dem oberen Erzgebirge seine Sorgfalt zuwandte, hat viel für sich. Die Waldungen wurden eifrig gepflegt. Damit ihre Produkte, namentlich Brenn- und Schachtholz, leichter transportiert werden konnten, wurden Floßgräben angelegt. Auch den Bergbau suchte der Kurfürst zu heben sowie den Straßenbau und das Postwesen zu fördern. Große Sparsamkeit in kleinen und gewöhnlichen Dingen erlaubte dem Kurfürsten, welcher wegen der in seinen Landen fündig gewordenen Silbererze als der reichste Herr im Deutschen Reiche galt, ab und zu eine großartige Ausgabe. So ließ er durch tausend Maurer und Zimmerleute nebst hundert Handlangern, welche vier Sommer arbeiteten, auf dem Schellenberge von Hieronymus Lotter ein neues Schloß ausführen, das er die Augustusburg nannte. Vier gerade nach den vier Himmelsgegenden gelegene Häuser mit großen Zwischenbauten bilden ein stattliches Schloß mit fünf Sälen, hundertfünfzig Zimmern und Kammern und fünfundzwanzig Kellern.« Den Königstein ließ er befestigen und daselbst den 187 Meter tiefen Augustusbrunnen graben. Auch in Dresden wurden die Befestigungen durch ihn erweitert, dazu das Moritzdenkmal an der Jungfernbastei errichtet sowie die Annenkirche, benannt nach seiner Ehefrau. Er begründete die Bibliothek zu Dresden und die Kunstkammer, durch welche der Anfang zu den berühmten Dresdner Museen gemacht wurde. »Die Liebhabereien und Erholungen Vater Augusts waren edler Art; im Lenz und Sommer pflegte er den Garten, im Herbst die Jagd und im Winter die Musik und Handarbeit, namentlich das Drechseln.«

Siebenunddreißig Jahre »stand ihm die Kurfürstin Anna in Liebe und Treue zur Seite; ja, in diesem langen Eheleben war sie nur wenige Wochen von ihm entfernt. Sie begleitete ihn auf Reisen zu Reichs- und Kurfürstentagen, an auswärtige Höfe, ja selbst auf Jagdzüge. Aufs treulichste wachte sie über ihre Kinder, neun Prinzen und sechs Prinzessinnen, von denen aber nur vier die Eltern überlebten. In der Kapelle des Augustusburger Schlosses wird ein Altarbild gezeigt, gemalt von dem jüngeren Cranach, welches den am Kreuz erhöhten Christus und darunter zu beiden Seiten den Kurfürsten mit den Prinzen und die Kurfürstin mit den Prinzessinnen in betender Haltung darstellt.« Im Jahre 1585 wütete die Pest in Dresden. »Der Kurfürst war, leicht erkrankt, auf Anraten seiner Ärzte im Schlosse zu Colditz. Mutter Anna zeigte viel Geschäftigkeit in der Bereitung von Medikamenten. Da erkrankte sie selbst, ordnete noch ein Kirchengebet für sich an und erlag als ein Opfer der Pest am 1. Oktober.« Am 3. Januar 1586, drei Monate nach dem Tod der Kurfürstin, heiratete August die erst zwölfjährige Agnes Hedwig von Anhalt (*1573; †1616). Doch starb er sechs Wochen nach der Hochzeit. Neben »Mutter Anna« ist August von Sachsen im Dome zu Freiberg beigesetzt.

ⓘ Schloss Wolkenstein: Schloßplatz 1, 09429 Wolkenstein
Ostragehege (heute Sportstätten): Magdeburger Straße 10, 01067 Dresden
Schloss Augustusburg: Schloß, 09573 Augustusburg
Annenkirche Dresden: Annenstraße 23, 01067 Dresden
Jungfernbastei: Terrassenufer 1, 01067 Dresden
Moritzmonument: Terrassenufer 2, 01067 Dresden
Freiberger Dom: Untermarkt 1, 09599 Freiberg

Gustav Adolfs Schatten und Engel

Er nannte sich nach biblischem Vorbild der »Löwe aus Mitternacht«: Am 6. Juli 1630 landete bei heftigem Gewitter Schwedenkönig Gustav II. Adolf (*1594; †1632) mit 13.000 Mann auf Usedom und griff auf protestantischer Seite in die Kämpfe des Dreißigjährigen Krieges ein. Geschickt verstand er, seine eigenen Interessen als Helfer von Gottes bedrängtem Volk zu bemänteln. Bereits zweiundzwanzig Jahre metzelten die Soldaten in Deutschland im Namen der Religionen. Der sächsische Kurfürst Johann Georg I. (*1585; †1656) hatte eine Konferenz der protestantischen Reichsstände initiiert, dieser »Leipziger Konvent« begann am 26. Februar 1631. Die Unterzeichner benannten sich »Leipziger Bund« und forderten die katholischen Gegner zu Friedensverhandlungen auf. Diese lehnten das Gesprächsangebot ab. So stellte sich der Leipziger Bund gegen den Kaiser. Infolge kam es vor dessen Stadttoren zur Schlacht bei Breitenfeld: »Am 17. September 1631 traf der kaiserliche Feldherr Tilly mit 40.000 Mann auf das vereinigte schwedisch-sächsische Heer, das, von König Gustav II. Adolf von Schweden angeführt, 47.000 Mann stark und den Kaiserlichen auch an Geschützen überlegen war.« Die Taktik der Schweden setzte auf beweglich geführte Kampfhandlungen der verschiedenen militärischen Einheiten und Waffen und auf verbesserte Technik. Die Schlacht verlief in drei Phasen: dem Angriff der kaiserlichen Truppen, deren Vorrücken nach Nordosten und deren Umschließung und Vernichtung durch die Schweden. Es starben 13.000 Soldaten. Daran erinnert auf der Breitenfelder Flur ein Gedenkstein mit der Inschrift: »Gustav

Adolf / Christ und Held / rettete bei Breitenfeld / Glaubens-Freiheit für die Welt«.

War zu Beginn der 1630er Jahre Leipzig das Zentrum der Kämpfe, verlagerten sie sich danach nach Süddeutschland. Doch erbarmungslos schlug der Krieg 1632 nach Sachsen zurück. Gustav Adolf provozierte den Entscheidungskampf: In der Schlacht bei Lützen standen seine Truppen denen Wallensteins (*1583; †1634) gegenüber. »Am Abend des 15. November 1632 trifft die schwedische Armee auf Feldern vor Leipzig ein. In der Ferne sind die Wachtfeuer der Soldaten Wallensteins zu sehen. Gustav II. Adolf verbringt die Nacht in einer Kutsche gemeinsam mit seinem Bundesgenossen Bernhard von Sachsen-Weimar (*1604; †1639), einem der wenigen deutschen Fürsten, die seit Sommer 1630 treu an seiner Seite stehen. Als der Morgen des 16. November graut, steigt der Schwedenkönig, in seinem Wams aus Elchleder, auf seinen braunen Hengst und reitet dem Feind entgegen. Über neblige Felder führt er seine rund 19.000 Kämpfer gegen 17.000 Söldner des Kaisers und der Liga, zu denen während der Schlacht noch weitere 2.000 Reiter stoßen. Als sich am Vormittag um 11 Uhr die Sonne zeigt, eröffnet schwedische Artillerie das Feuer; königliche Infanteristen stürzen sich auf kaiserliche Musketiere. Die Schweden erbeuten schwere Geschütze und töten den Liga-Feldherrn Gottfried Heinrich zu Pappenheim (*1594; †1632), ein Jahr zuvor Belagerer Magdeburgs. Während der schwedische Sieg über die geschockten Feinde greifbar nahe scheint, hüllt gegen Mittag gespenstischer Nebel das Schlachtfeld ein. Der kurzsichtige König gerät zu nahe an die vorrückenden Kaiserlichen und wird von einem Reitertrupp seiner Landsleute getrennt. Da zerschmettert ihm eine feindliche Kugel den linken Ellenbogen. Die daraus resultierende Verletzung dürfte stark gewesen sein, da der zersplitterte Armknochen durch die Kleidung zu sehen war und Blut herabströmte. Kurz darauf wurde er von einer weiteren Kugel in den Rücken getroffen, welche in die

Leber eindrang. Der König stürzte aus dem Sattel und wurde daraufhin – mit einem Fuß im Steigbügel hängend – von seinem Pferd mitgeschleift. Als das Pferd zum Stehen kam, schoss dem am Boden liegenden Schwedenkönig ein kaiserlicher Kürassier in den Kopf. Etwa zeitgleich erfolgte ein Stoß mit einem Panzerstecher. Die Schüsse in den linken Arm und in den Rücken sowie der Stich mit dem Panzerstecher konnten anhand der Male der Uniform nachgewiesen werden. Untersuchungen an der in der Rüstungskammer des Königlichen Palastes in Stockholm befindlichen Kriegskleidung des gefallenen Königs ergaben, dass der gezielte Schuss des kaiserlichen Reiters in den Rücken des Königs aus nächster Nähe (nicht mehr als 6 Meter) ausgeführt worden war. In weiterer Folge wurde sein Leichnam geplündert, er wird um Siegelring, Goldkette und Uhr beraubt. Der Körper bleibt auf dem Schlachtfeld zurück. Groteskerweise wussten die daran beteiligten kaiserlichen Soldaten nicht, dass sie den Leichnam eines Königs zurückgelassen hatten. Plötzlich ist der tote König nur noch einer von 9.000 Gefallenen beider Seiten.

Militärisch haben die Schweden gewonnen, doch politisch sinkt ihr Stern nach dem Tod ihres Führers. Der hinterlässt, ›in seinem Adlerfluge unerbittlich dahingestürzt‹, seine ›verwaiste Partei trostlos hinter sich‹, wie Friedrich Schiller später schreiben wird. Für die deutschen Protestanten endet mit Gustav Adolfs Tod abrupt der ›zweideutige Beistand eines übermächtigen Beschützers‹, so Schiller. In der Nacht zum 17. November wird des Königs Leiche in der Dorfkirche von Meuchen gewaschen und ins Geleitshaus nach Weißenfels gebracht. Dort werden noch fünf Jahrhunderte später Besucher das Zimmer besichtigen, in dem der König einbalsamiert wurde. In dem Haus bleibt der Getötete noch bis Dezember 1632 aufgebahrt. Erst dann erfährt der Reichsrat in Stockholm die Todesnachricht. Das Protokoll der Versammlung vermerkt dazu skandinavisch kühl: ›Der Senat verbrachte diesen Tag

in Weinen und Klagen.‹ Es ist, als könne selbst der tote König sich nur allmählich vom deutschen Boden lösen, auf dem
sich sein Schicksal vollendete. Tausende von Trauernden begleiten seinen Leichnam, der eine Nacht lang in der Schlosskirche zu Wittenberg aufgebahrt wird. An diesem Ort hatte
Martin Luther mehr als hundert Jahre zuvor die Reformation
begonnen. Der kurze Aufenthalt in der Lutherstadt symbo-
lisiert das bleibende Verdienst des schwedischen Königs: Er
hat den Sieg der katholischen Reaktion und Gegenreformati-
on in Deutschland verhindert. Monatelang steht sein Sarg im
Schloss zu Wolgast. Im Juni 1633 endlich überführen ihn die
Schweden per Schiff in die Heimat. Dort lässt ihn seine Frau
ein Jahr lang im Schloss der Hafenstadt Nyköping aufbahren,
bis er am 2. Juli 1634 in der gotischen Riddarholmskirche in
Stockholm beigesetzt wird.«

Als der gleitende Engel die Seele von Lützens erhabenen
Sterbenden zu Gott führte, den himmlischen Weg,
Sprach der Schatten: Warum riß mich aus löblichen Thaten
Schnellem, glänzendem Lauf plötzlich der Schöpfer dahin?
Ihm erwiederte sanft sein hoher Begleiter: die Thaten
Waren löblich, und schnell liefst du zum glänzenden Ziel,
Deutschlands Retter zu seyn –
Doch wärst du als Retter gestorben,
Schwoll von des Eroberers Durst
niemals die pochende Brust?
Daß Germanien einst nicht Gustav-Alarich fluche,
Daß Segne den Mann, der ihm die Ketten zerbrach,
Fielst du in Lützens Gefild –
Schon nahte dem Throne des Höchsten
Gustav Adolf und sprach kniend am Fuße des Throns:
Vater! ich weine dir Dank,
daß du mich dem Siege entrissen,
Daß als Retter ich noch, nicht als Eroberer starb!

ⓘ Gustav-Adolf-Gedenkstätte: Gustav-Adolf-Straße 42, 06686 Lützen
Dorfkirche Meuchen: Clara-Zetkin-Straße 21, 06686 Lützen
Geleitshaus Weißenfels: Große Burgstraße 22, 06667 Weißenfels
Schlosskirche Wittenberg: Schloßplatz 1, 06886 Lutherstadt Wittenberg
Gustav-Adolf-Gedenkstein: 04158 Leipzig

Kurfürstlicher Empfang zu Leipzig anno 1681

ie Kurfürstlich Sächsische Huldigung zu Leipzig wie auch der Ein- und Auszug daselbst sind auf folgende Weise abgegangen:

»Dienstags, den 21. Juni, zogen Ihre Kurfürstliche Durchlaucht in Person zu Leipzig ein. Nachmittag um vier Uhr kamen 200 Pferde, ritten zum Tor hinein und aufs Schloß, da dann die ganze Bürgerschaft wohl montiert, in gelb und schwarzen Banden aufwartete. Das Grimmische und Hallische Viertel stunden vom Grimmischen Tor an bis auf den Turmkirchhof, auf beiden Seiten, die anderen zwei Viertel, als des Peters und Ramische, stunden auf dem Markt, und präsentierten ihr Gewehr vor Ihrer Kurfürstlichen Durchlaucht und anderen Hohen Offizierern. Nach der Burgstraßen am Schloß stunden die sämtlichen Herren Studiosi und präsentierten Ihrer Kurfürstlichen Durchlaucht Carmina, da dann die Herren Communitäter 6 Faß Bier bekamen, erzeigten sich Tag und Nacht lustig, und ließen das Vivat Sachsen ziemlich hören. Nach geendigtem Durchzug marschierte die Bürgerschaft wieder vor eines jeglichen Hauptmanns Tür, und beschlossen also den Tag in der Stille. Mittwoch, als den 22., frühe nach sechs Uhr, begab sich die Ritterschaft von 121 Personen auf das Schloß, und huldigten I.K.D. Nachgehends, um halb zehn Uhr, fuhren I.K.D. mit einem ziemlichen Comitat in die Thomas-Kirche, da dann der regierende Rat von Leipzig mit 21 Personen voran, hernach die löbliche Universität von 23 Personen, dann folgte die Ritterschaft: Vor der Kurfürstlichen Kutsche waren 51 vornehme Kavaliere, neben derselben 24 Hatschierer, neben noch viel anderen Offiziern und

Bedienten. In der Kutsche saß Herzog Christian Gen. Bed. und der Geheime Rat Gersdorff, da dann alle Glocken geläutet wurden. Als sie nun in der Kirche, wurden von dero Personen vier Lieder gesungen, als, Von Gott will ec. Allein Gott ec. Ich habe meine Augen sehnl. ec. Nun lob ich mein Seele ec. Da dann der Kurfürstliche Oberhofprediger, Herr D. Lucius, die Huldigungspredigt tat … Welches eine überaus schöne Predigt, darinnen gewiesen wurde, wie ein Eid zu halten … Nach geendigter Predigt fuhr der Kurfürst in vorigem Prozeß nach dem Rathaus, da dann oben auf dem Saal die löbliche Universität, hernach der Rat zu Leipzig, der Rat zu Eulenburg und der Rat zu Grimma versammelt waren. Die Universität und Rat zu Leipzig wurden zum Handkuß zugelassen, die andern aber nicht. Nach Endigung begaben sich I.K.D. auf den Thron, so vors Rathaus heraus gebauet worden … Der Thron war mit schwarzem Tuch umzogen, oben waren zwei Sonnen, mitten das Kurfürstliche Wappen, und der bezogene Name, neben einigen lateinischen Versen. Als nun die Huldigung auf dem Saal vorbei, begab sich, wie oben gemeldet, der Kurfürst auf den Thron, daselbst sämtliche Bürgerschaft in schwarzen Kleidern und Mänteln in guter Ordnung stunden. Zur Rechten stunde die Bürgerschaft von Grimma, und zur Linken die Bürgerschaft von Eulenburg, wie auch in etwas zurück die Dorfschaften. Ihre Kurfürstliche Durchlaucht saßen in der Mitte, neben Ihr stunde der Geheime Rat Gersdorff, der proponierte Huldigungds Puncta, darauf lase der Herr geheime Secretarius den Eid vor, den man mußte nachsprechen. Nach getanem Eid schrien alle einmütig, Vivat Kur-Sachsen, Unser Gnädiger Herr, zu dreien malen, worauf Ihre Kurfürstliche Durchlaucht sich wieder nach dem Schloß erhoben. Denselben Tag blieb der Kurfürst zu Leipzig, begehrte vom Rat keine Gastierung, doch verehrte derselbe Seine Kurfürstlichen Durchlaucht mit 3.000 specie

Ducaten, dero Gemahlin mit 3.000 specie Rtlrn. und beide Prinzen jedem mit 2.000 Rtlrn. Die Universität verehrte einen ziemlichen Pokal mit eitel Vikariatstalern versetzt. Des Morgens nach drei Uhr fuhr Er wieder fort mit seiner ganzen Suite, da dann die Stücke auf dem Schloß sich ziemlich hören ließen, wobei die Bürgerschaft mit Schießen und Feuer geben nicht gefeiert.«

Die Kinder des Mars

Mit Johann Georg III. (*1647; †1691) »trat ein charakterfester, politisch zielbewußter Fürst an die Spitze Kursachsens. Nachdem er schon als Kurprinz gegen Frankreich gekämpft und an den Regierungsgeschäften teilgenommen hatte, ergriff er nach dem Tode seines Vaters 1680 straff die Zügel der Staatsführung und schränkte den stark angeschwollenen Hofstaat ein.« Das Volk sagte ihm, unter den Wettinern selten, einen ausgeprägten »Hang zum Kriegsgott Mars« und zum Pietismus nach. So bewies Johann Georg III. Heldenmut bei der Befreiung Wiens von den Türken und war Oberbefehlshaber der kaiserlichen Armee im Pfälzischen Erbfolgekrieg (1688–97) gegen Frankreich. Sachsen verordnete er ein stehendes Heer, schuf den Geheimen Kriegsrat der Minister und die erste Kadettenanstalt. Verehelicht war er mit Anna Sophie von Dänemark (*1647; †1717), doch teilte er wohl auch das Bett mit Ursula Margarethe Neitschütz (*1650; †1713), wenn deren eigner Mann als Generalleutnant im Felde war. Das Resultat sei eine illegitime Tochter Johann Georgs III. gewesen: Magdalena Sibylla von Neitschütz (*1675; †1694).

Magdalena Sibylla war ein selbstbewusstes Kind ihrer machtbewussten Mutter. Die alte Neitschütz soll ihre Tochter bereits im Alter von dreizehn Jahren den Fürstensöhnen Johann Georg (*1668; †1694) und Friedrich August (*1670; †1733) als Gespielin beigegeben haben. Zweifellos hat die junge Schönheit beide Prinzen bezaubert. Die Liaison mit dem Erbfolger sah das Herrscherpaar höchst ungern, zumal auch Sibyllas Stammbaum bezweifelt werden konnte. Der Prinz musste fortan seinen Vater im Krieg begleiten, und man schickte Johann Georg IV. zur Bildung auf Italienreise. Der Vater kämpfte gegen die Franzosen weiter in vorderster

Front, bis ihn eine Krankheit niederwarf, noch nicht genesen, kam er in den Krieg zurück und verstarb ganz plötzlich am 22. September 1691 in Tübingen. Schon damals kursierten die Gerüchte: Intrigen seien gesponnen gewesen. Mörder hätten ihre Hand im Spiel gehabt.

In der Residenzstadt Dresden übernahm sein Erstgeborener, Johann Georg IV., die Macht und die Geschäfte, und mit ihm kam Magdalena Sibylla Neitschütz. Der junge Kurfürst machte seine Geliebte zur ersten offiziellen Mätresse Sachsens. Solch einen Status hatte es bislang noch nicht gegeben, der Hofstaat schüttelte den Kopf, doch war der Herrscher dieser Frau verfallen. Mutter Ursula Neitschütz stand ihrer Tochter mit Rat und Tat zur Seite, sie beide hofften auf den kurfürstlichen Ehestand. Doch Johann Georg IV. befolgte Heiratspolitik und Konvention, der niedere Adel des potentiellen Schwiegervaters, des Obristen seiner eigenen Leibgarde, Rudolf von Neitschütz (*1627; †1703), wäre nicht standesgemäß gewesen. Am 17. April 1692 ehelichte Johann Georg IV. die Prinzessin Eleonore von Sachsen-Eisenach (*1662; †1696), dreifache Mutter und verwitwete Fürstin von Ansbach. Doch von Sibylla konnte Johann Georg IV. weiterhin nicht lassen: Bereits beim Hochzeitsfest in Torgau bekümmerte sich der Fürst leidenschaftlich und ausschließlich um seine Mätresse, die Gattin hatte er zuvor mit Worten schon beleidigt. In Dresden erhob er die junge Neitschütz zur Reichsgräfin von Rochlitz, schenkte ihr Palais und Rittergut. Für den Titel hatte er den Kaiser mit 40.000 Talern bestochen und ihm noch dazu 12.000 Mann als Soldaten hingeschenkt: Das sächsische Volk blutete aus für diese Liebe, es rumorte im Staate. »Daß die Gräfin eine leichtsinnige und üppige, die Generalin eine herrsch- und habsüchtige Person gewesen, und daß beide sich durch alle Mittel in einer ihren Leidenschaften und Passionen schmeichelnden Stellung, deren Unsittliches und Ehrloses über dem glänzenden Beispiel des französischen Hofes vergessen ward, zu behaupten suchten, ist nicht zu leugnen.« Und die Hoffnungen der Damen Neitschütz auf Macht und Einfluss verstärkten sich noch: Sibylla verschob Geld mit Hilfe des kurfürstlichen Privatsekretärs in die eigene Familie und vermochte es gar, Johann Georg IV. einen Vertrag abzutrotzen, der ihre Söhne als rechtmäßige Nachfahren des Kurfürsten behandelt hätte. Eleonore, die betrogene Kurfürstin, schäumte vor Wut, aber fühlte sich in gesegneten Umständen. Ein Thronfolger hätte die familiären Verhältnisse geklärt. Doch war auch die Rivalin vom Kurfürsten schwanger: Sibylla Neitschütz entband eine Tochter: Wilhelmine Marie Friederike von Rochlitz (*1693; †um 1760). Das Erbe verblieb zunächst in der Ehe, Johann Georg IV. jedoch auch im Bette Sibyllas.

Dann im März 1694 kränkelte die Reichsgräfin nicht nur, ihr Zustand verschlechterte sich stetig und zeigte alle Symptome einer Vergiftung. Doch diagnostizierten die Ärzte: Pocken. Die Neunzehnjährige kämpfte mit dem Tod: Am 4. April 1694 verstarb Magdalena Sibylla Neitschütz. Der verliebte Kurfürst nahm mit einem Kusse inbrünstig von seiner Geliebten Abschied und ließ sie mit einem Staatsbegräbnis in der Sophienkirche bestatten. Allein 56 Karossen folgten dem Sarg. Dann erkrankte auch Johann Georg IV., schien auf dem Weg der Genesung und verstarb dann doch unerwartet am 27. April 1694 »im Frühling seiner Jahre, den Zweifel hinterlassend, ob nicht eines bösen Menschen Hand seinen Lebensfaden verkürzte«. Denn zwei singuläre Pockenfälle und keine Epidemie, das verwunderte. Und kurz darauf fand man den Gesellen der Hofapotheke und möglichen Mitwisser tot. Es munkelte in den Fluren des Schlosses und auf den Straßen: Mord! *Cui bono?*

Der Verdacht fiel auf die Fürstengattin Eleonore. Sie hatte mit der Neitschütz dieselbe Pastete gegessen, und wenn sie sich selbst ans Gift schon langsam gewöhnt hätte, wären keine Spuren des Verbrechens mehr nachweisbar. Doch hatte sie von der Tat keinen Vorteil, im Gegenteil: Sie wurde vom Dresdner Hof verbannt. Der einzige, der vom Tod Johann Georgs IV. profitierte, war sein jüngerer Bruder: Friedrich August I. Nach Erbfolge und Recht wurde er Sachsens nächster Kurfürst. Auch er wusste um die Mordgerüchte und ließ Sibyllas Leiche exhumieren. Die Symptome an ihrem toten Körper waren vielfach zu deuten: Vielleicht Pocken, vielleicht Auqua Tofana, ein arsenhaltiges Duftwässerchen und chemisch (damals) nicht nachweisbar. Hatte sich nicht auch Friedrich August I. auf Kavalierstour in Italien befunden? Es wäre ein Leichtes für ihn gewesen, sich das Mittel zu besorgen, jede Drogerie bot es feil. August jedoch handelte entschlossen: Er stellte die alte Neitschütz und zehn ihrer Getreuen vors Gericht. Im Sarge Sibyllas hatte man Requisiten gefunden, die auf Zauberei und dunkle Mächte schließen ließen. Und war nicht auch Johann Georg III. unter mysteriösen Umständen gestorben? Es kam zum Hexenprozess: Unter der dreifachen Folter verstarben vier der Angeklagten, aber Ursula Margarethe Neitschütz gestand keine Schuld. Nach Jahren entließ man sie aus der Haft. Die Güter ihrer Tochter, Magdalena Sibylla, waren nach Gesetz und Urteil längst wieder an den Kurfürsten zurückgefallen. Der Regent Friedrich August I. hob das Herrscherhaus der Wettiner in die erste Reihe der europäischen Höfe und ging als August der Starke in die Geschichtsbücher ein.

ⓘ Grab Johann Georgs III. und Grab Johann Georgs IV. im Freiberger Dom: Untermarkt 1, 09599 Freiberg

Treppen zum Lichte empor

Den Namen »Elbflorenz« hat Dresden sich verdient, und »ohne einen August den Starken (*1670; †1733) würde heute die sächsische Hauptstadt kaum mehr Anziehungskraft auf den Fremden ausüben als die Residenzen der meisten übrigen Mittel- und Kleinstaaten Deutschlands. Bei seinem Regierungsantritte zählte Dresden kaum 30.000 Einwohner und besaß durchweg noch hölzerne Häuser. Steinern und mit Prachtpalästen geziert, hinterließ August der Starke die Stadt seinem Sohne.« Dieser »Dresdner Barock« schuf Bauten, die heute dem Sachsenlande zum Schmuck gereichen. Vor allem seine königlichen Häuser beeindrucken wie ehedem die Besucher:

Pillnitz, das Lustschloss am Strom, wohin sich der Hof gern mit einem Boote die Elbe aufwärts rudern ließ. Eine Freitreppe empfing dort die Gäste. Der Park bot Irrgarten und verschwiegene Plätzchen. Auf dem Inselchen vorm Wasserpalais wurden Schauspiele vorgeführt.

Moritzburg, das Jagdschloss am Walde, wo man die Wildtiere im Gehege züchtete, damit die Prominenz sie reichlich abschießen konnte. Auf dem Berg im Hellhaus beobachtete ein Knecht das Wild und gab dessen Fluchtrichtung den Schützen weiter. Die Gehörne seltener Beute hängte man nach erfolgreicher Jagd an die Wände der Säle und erzählte Jägerlatein.

Hubertusburg, ein Geschenk für den Sohn und Thronfolger Friedrich August II. (*1696; †1763), beeindruckt mit seinen Monumentalmaßen. Zur Parforcejagd setzte man mehr als 250 Hunde ein. Nach dem Siebenjährigen Krieg schloss man hier den »Hubertusburger Frieden«.

Großsedlitz wurde perfektes Gartenparadies nach französischem Vorbild. Kaskaden, Wasserspiele und mythologische

Skulpturen verführen. Myrte, Granatapfel, Lorbeer und Feigen gedeihen in der Orangerie. Und natürlich wurden in all den Palästen die Feste ausgiebig gefeiert, ganz Europa sprach über den Prunk und die Kunst und die Lustbarkeiten Sachsens. Der Kurfürst und König war stolz auf seine Ideen und die, die sie umsetzten. Die Namen der Architekten und Bildhauer sind Größen der Kulturgeschichte: Balthasar Permoser (*1651; †1732), Matthäus Daniel Pöppelmann (*1662; †1736), Zacharias Longuelune (*1669; †1748), Johann Christoph von Naumann (*1664; †1742), Johann Christoph Knöffel (*1686; †1752) …

»Unter allen von August dem Starken geschaffenen Bauten nimmt der sogenannte Dresdner Zwinger den ersten Rang ein, und doch ist dieses merkwürdige Kunstdenkmal gar kein fertiges Werk, sondern nur gewissermaßen die Eintrittshalle, der Vorhof für ein Schloß, das sich der König in noch weit großartigerer Pracht geträumt hatte. Der Plan für den Zwingerbau wurde von August dem Starken im Jahre 1709 gefaßt, als er die Kunde von der Schlacht bei Poltawa erhielt und der Niederlage Karls XII., seines Hauptgegners. Zwei Tage später, am 10. August, gibt er den Befehl zum Ausbau des an der westlichen Seite des Residenzschlosses gelegenen Zwingergartens. Die äußere Machtstellung sollte ihren Ausdruck finden in dem bildnerischen Schmucke des Zwingerbaues, und gleichzeitig entstand der Plan zu einem neuen, großartigen Schloßbau, der, wenn er zur Ausführung gelangt wäre, sicher die Prachtpaläste eines Ludwig XIV. in Schatten gestellt haben würde. Der Zwinger erscheint nach diesem Entwurfe als Vorhof der königlichen Residenz. Mit dem Baue desselben wurde im Jahre 1711 der Anfang gemacht.« So viele fremde Künstler August der Starke auch aus Italien und Frankreich an seinen glanzvollen Hof gezogen hatte – den rechten Mann für die Ausführung seiner Baupläne fand er in einem Dresdner Meister, Matthäus Daniel Pöppelmann. Was

er mit seiner Schöpfung bezweckte, hat Pöppelmann selbst in folgende Worte gefasst: »Gleichwie die alten Römer unter ihren andern erstaunenswerten Bauanstalten auch dermaßen große Staats-, Pracht- und Lustgebäude aufzurichten pflegten, daß dieselben einen großen Umkreis machten u. s. w., ebenso ist auch dieses Gebäude des königlichen Zwingergartens dermaßen kunstreich angelegt, daß es alles dasjenige in sich begreift, was in jenen römischen Erfindungen Prächtiges und Nützliches vorgekommen; denn außer den verschiedenen großen Speise-, Speise- und Tanzsälen, kleinen Zimmern, Bädern, Grotten, Bogenstellungen, Luft- und Spaziergängen, Baum- und Säulenreihen, Gras- und Blumenbeeten, Wasserfällen, Lustplätzen und dem anstoßenden prächtigen Opern- und Komödienhause beschließt das ganze Gebäude zusammen einen so ansehnlich länglich-runden Platz, daß in demselben nicht nur die unzählbaren, des Winters in den Galerien verwahrten Bäume zur Sommerzeit bequemlich in schönster Ordnung ausgesetzt, sondern auch alle Arten öffentlicher Ritterspiele, Gepränge und andere Lustbarkeiten des Hofes ausgestellt werden können.«
Und so schuf Pöppelmann einen Hof von 117 Metern Länge und 107 Metern Breite; an drei Seiten (die vierte, nördliche Seite blieb offen) wird derselbe von einstöckigen Arkaden, vier zweistöckigen Saalbauten und zwei Pavillons umschlossen. »Durch den ganzen Bau geht in echtester Barockweise unablässige, rastlose Bewegung. Das wogende, malerische Leben des Grundplans erfüllt und vollendet sich in dem feinberechneten, symmetrischen Gegensatz der einstöckigen Galerien und der zweistöckigen Pavillons, in dem ebenso feinberechneten, symmetrischen Gegensatz der Oblongen und Polygonen, des Geschlossenen und Durchbrochenen, des Gradlinigen und Gebogenen, des Vorspringenden und Zurücktretenden.« Aber was die Baukunst noch nicht darzustellen vermochte, das sollte die Bildhauerei zum Ausdruck

bringen. »Die Steine sollen erzählen, was für ein gewaltiger und mächtiger Herr es ist, der diesen Prachtbau geschaffen, und wie alle freundlichen Götter willig bereit sind, alle holden Gaben der Macht und der Lust in unbeschränkter Fülle zu bieten. Der Zwinger war ursprünglich dazu bestimmt, ein Schauplatz rauschender Festlichkeiten und heiteren Lebensgenusses zu werden. Die Zeiten und der Geschmack haben sich geändert. Gegenwärtig ist er die Stätte regen Sammelfleißes und ernsten Studiums. In seinen Gemächern sind die mathematisch-physikalische, die anthropologische-zoologische und ethnografische sowie die mineralogisch-geologische und prähistorische Sammlung untergebracht. – Immerhin wird er, solange seine Steine zusammenhalten, ein bewundertes Baudenkmal bleiben; denn in ihm erreicht eine große Kunstentwicklung ihren Höhepunkt und Abschluß.«

Doch nicht nur in Palästen und Gärten hinterließ der »Dresdner Barock« seine Spuren. In Leipzig zeugt nur eine Wiese von ihm. Im Rosenthal plante August der Starke sein Schloss in der Handelsstadt, schließlich musste er allhier dreimal im Jahre die Messen eröffnen. Den Ort fürs Palais wählte er im romantischen Rosenthal vor den Toren der Stadt, den Wald hatte der Kurfürst für sein Projekt schon abholzen lassen. Allerdings sollten die Bürger der Stadt den Bau aus eigener Tasche bezahlen, so leicht aber gaben die Städter dafür ihr Geld nicht. Sie erfanden Ausreden, unter anderem von Mücken im Überschwemmungsgebiet: »Die zerstechen einem jeden Gedanken«, sagte dazu später Herr Goethe. Und man ließ leibhaftige Räuber das Terrain unsicher machen, erzählt die Legende. Zum Bau eines Schlosses ist es niemals gekommen – nur die Rosenthalwiese zeugt noch vom Plan.

Vielseitig entwarf Oberlandbaumeister Matthäus Daniel Pöppelmann auch die Muldebrücken in Grimma und Nossen, das Riesenfass auf dem Königstein, den Backofen für den Riesenstollen im Zeithainer Lustlager, und er baute die

Herrscherhäuser nach Augusts Wunsche um. Selbst die Stufen auf Sachsens Gipfel hinauf sind ihm zu verdanken: Die Himmels- oder Jahrestreppe vom Weingut Hoflößnitz zum Spitzhaus den Elbhang empor entwarf Matthäus Daniel Pöppelmann. Und er schuf den Aufstieg zum Lilienstein in der Sächsischen Schweiz. Am 8. Juli 1708 geruhte nämlich der Kurfürst, den Berg zu erklimmen. Damit Majestät nicht über Stock und Stein gehen musste, setzte der Meister Stufen hinauf. Von deren erfolgreicher Überwindung kündet noch heute der weithin sichtbare Obelisk. Dass August der Starke den Lilienstein bei einem rauschenden Fest an die Preußen verschenkte, der Soldatenkönig ihn aber zurückgab, wird ins Sagenreich verwiesen, obwohl bei einer Party vieles möglich erscheint.

ⓘ Schloss Pillnitz: August-Böckstiegel-Straße 2, 01326 Dresden
Schloss Moritzburg: Schloßallee, 01468 Moritzburg
Schloss Hubertusburg: Altes Jagdschloß 1, 04779 Wermsdorf
Barockgarten Großsedlitz: Parkstraße 85, 01809 Heidenau
Zwinger: Sophienstraße, 01067 Dresden

Zinnwalder Moor – Eine Rezeptreportage

Haben Sie dieses Finale gesehen?, fragt Trainer Bert P. Natürlich ich hatte, und wie so oft hatten die einheimischen Athleten andere auf die Plätze verwiesen. Nun lassen Sie uns diesen glückvollen Ausgang begießen, klopft Trainer Bert P. mir die Schulter, danach gießt er aus seiner Thermoskanne zwei Becher randvoll. Doch statt wohliger Wärme halte ich ein arschkaltes Getränk in der Hand. Nein, lehne ich ab, ich werde doch bei mehreren Graden jenseits der Null nicht noch frostige Beulen im Magen riskieren. Trinken Sie, meint Trainer Bert P., es wird Ihnen schon warm werden ums Herz, im Magen wird's allemal heiß. Zinnwalder Moor gehört in hiesigen Breiten zum Biathlon-Sport wie der Schnee gleichwohl zum Winter. Ja, meine ich, das Hochmoor kenne ich als Ausflugsziel für stete Touristen, ich kann mir vorstellen, dass Sportler dort auf den Wegen Ausdauer laufen. Nein, sagt Trainer Bert P., nein, Sie haben von allem ja gar keine Ahnung. Das Getränk hier im Glase ist Zinnwalder Moor, und ohne dieses gäbe es den gesamten Biathlon-Sport nicht, nicht für die Männer und nicht für die Frauen.

Ich sehe ins Glas auf Ananasstücke, Orangen und Kirschen und schmecke den Alkohol deutlich heraus, aber was dies alles mit dem Zinnwalder Moor nun zu tun hat, bleibt mir ein Rätsel. Eigentlich, fährt Trainer Bert P. endlich fort, heißt dieses Getränk ja auch Zinnwalder Mohr. Doch Mohr hat so was von Kolonialherrn und Diskriminierung. Finden Sie nicht? Und diese alte Gesellschaft ist ja, Gott sei's gelobt, lange vorbei. Und deshalb haben wir Mohr in Moor umgetauft, denn wir Zinnwalder hinken der jetzigen Zeit nicht hinterher wie Sarotti. Ich nicke und weiß natürlich, die Elite der Welt feiert am Orte eines der imposantesten Biathlon-Feste. Und wissen Sie, erzählt Trainer Bert P. mir nun weiter, Zinnwald ist die Wiege des Sportes mit Schi und Gewehr. Der Zinnwalder Mohr hat ihn sozusagen erfunden. Das ist doch nicht möglich, bin ich erstaunt. Doch, doch, sagt Trainer Bert P., lassen Sie uns diesen glückvollen Ausgang begießen. Sein Arm zeigt ins Rund, und wir stoßen an. Nur leider, wird seine Stimme nun leise, leider weiß von diesem Ursprung heute gar keiner mehr. Ich tröste den Trainer Bert P., was ich tun kann, werde ich tun, dass Zinnwalder Moor und Biathlontradition nicht der Vergessenheit völlig anheim fallen. Man soll nichts unversucht lassen, hebt mir Trainer Bert P. sein Glas zu, auf einen glückvollen Ausgang.

Der Mohr aus Schwarzafrika schuftete sintemalen drunten im Tale in Großsedlitz im Park in der Orangerie, häckelte, rechte und goss. Der starke König hatte ihn als Fachkraft für Banane, Zitrone, Kamelie und Litschi gekauft. Das war sintemalen so, man möcht's gar nicht glauben. Aber weit weg von Schwarzafrika litt der Mohr im Elbtal wirklich unsäglich. Bis, ja, bis die Richlinde aus unserem Zinnwald drunten dort ihr praktisches Jahr ableisten musste. Der Mohr und Richlinde verliebten sich bis über beide Ohren gewaltig. Aber ihre glückvollen Stunden waren gezählt: Zum einen der Mohr und eine blondlockige Maid, das durfte nicht sein, zum anderen hatte auch Beathus Uslon, der Forstmann des Revieres hier oben, auf die holde Richlinde ein Auge geworfen. Er preschte ins Tal und holte Richlinde noch vor dem Ende ihres praktischen Jahres heim ins Dorf und zu sich. Ich werd dich erretten, rief der Mohr Richlinden noch hinterher. Aber sie konnte Hoffnung darauf nicht finden und weinte Tränen bitterlich.

Trainer Bert P. seufzt und trinkt nochmals einen kräftigen Schluck vom Zinnwalder Moor, und ich tu es ihm nach, begierig nach weiteren Informationen. Irgendwo ruft ein Starter für ein nächstens Rennen, und Trainer Bert P. greift sein Fernglas zur Athletenkontrolle. Auch Schützlinge von mir mit dabei mit ausgezeichneten Chancen, sagt er drauf nur. Auf einen glückvollen Ausgang, proste ich ihm mit meinem Glas zu. Trainer Bert P. lacht, die Kilometer wollen gelaufen sein. Vielleicht möchten Sie zwischendurch alles weitere vom Mohr und Richlinde und Beathus Uslon, dem Förster, erfahren? Trainer Bert P. schenkt Zinnwalder Moor nach, und ich sage: Ja.

Der Mohr fuhr Richlinden und Beathus nach ins Gebirgsdorf. Hundsmäßig kalt war es ihm, denn die Höhenmeter lassen die Temperaturen tief stürzen, und mit Schwarzafrika, seiner Heimat, war dies ja überhaupt kein Vergleich. Als Beathus Uslon auf Pirsch, klopfte der Mohr sachte ans Fenster der holden Richlinde. Die konnt es kaum fassen und raffte in Eile nur die allernotwendigsten Sachen für eine Flucht. Was ihr Ziel, wussten die Liebenden selbst nicht genau. Die Heimat des Mohres war ja Kontinente entfernt. Nur weg von Beathus, dem strengen Jägermeister von Zinnwald, das war gewiss. Richlinden hatte ihr Päckchen geschnüret und begab sich mit ihrem Mohr auf den Weg. Sie mieden die ausgetretenen Pfade, sie huschten versteckt durch den Tann. Die unvermeidbar entstehenden schüchternen Laute allerdings vernahm der Beathus und war voller Hoffnung auf gutes Wildbrett. Er hörte genau und nahm die Verfolgung schnell auf. Auf lautlosem Schi hatte er manch mächtiges Tier schon erlegt. Als er begriff, wessen Spur er da nachschlich, kannte seine Wut keine Grenzen. Ihr werdet kein Paar, schrie Beathus, eher töte ich euch. Nun wussten die Liebenden einen in Zorn bebenden Schützen Beathus hinter sich. Zu Fuß in dem Schnee waren die Flüchtenden langsam, nur dichte Bäume und schroffe Felsen sicherten noch einen geringsten Vorsprung. Beathus glitt immer näher. Aber der jungen Frau mussten irgendwann die Kräfte versagen. Lass mich all hier, sprach Richlinden mit schwacher Stimme, ich kann weiter nicht folgen dir, meinem Herzen, lass mich zurück, vielleicht stehen unsere Möglichkeiten einmal doch besser in ferner Zukunft. Der Mohr wollte seine Richlinde dem Förster Beathus nicht überlassen, aber weitere Flucht durch den Schneewald war der zarten Maid gänzlich unmöglich. Schweren Gemütes, aber er wollte doch leben, hastete er allein durch den Wald weiter und ließ die arme Richlinde zurück. Jedoch folgte Beathus, fühlte sich durch diesen Frevel des Maidenraubs in seiner sehr männlichen Ehre verletzt und setzte dem armen flüchtenden Mohr nach, und es war klar, Jäger Beathus kannte das Erbarmen nicht mehr. So sehr er auch rannte, der liebende Mohr, quer durch die Wälder und Auen, hinab steile Hänge und bergauf kantige Felsen, Beathus blieb dem Mohr auf den Fersen, setzte gar mehrmals zum Abschuss des leidenden Menschen an wohl. Solch eine Hatz hielt auch der Mohr nicht länger mehr aus, er fasste jeglichen Mut und stellte sich seinem Verfolger ohne Scheu in den Weg. Mit einem kühnen Schischwung kam Beathus Uslon grad so noch zum Stillstand, diese Furchtlosigkeit plötzlich hatte er niemals erwartet. Haltet ein, sprach der Mohr, haltet ein, und so ihr ein echter Mannskerl wohl seit, lasset uns in gerechtem Streite um Richlinden kämpfen, wählet die Waffen. Beathus der Förster glaubte, nicht recht zu verstehen, forderte ihn, den Mohr, zum Duell und überließ die Waffenwahl dem im steten Kampfe Erprobten. Die junge Maid war mit der Zeit durch den Schnee zu ihren Verehrern gekrochen. Ihre Mahnung und warmen Worte konnten die Männer aber doch nicht mehr zur gütlichen Einigung bringen. So sei es, hub Beathus an, wir nutzen die Schi und schießen während der Fahrt zweimal auf fünf stehende Hasen. So sei es, entgegnete der Mohr und schlug ein. Über die vor Schreck und Ermattung zu Boden gesunkene Richlinde reichten sich die Rivalen die Hände.

Trainer Bert P. hält im Erzählen inne und wendet seinen Blick dem gestarteten Wettkampfe zu und beobachtet seine von ihm geschulten Athleten. So wie sie fahren, können Sieg und Platzierung draus werden, freut sich der Trainer Bert P., und das liegt nicht zum geringen Teil an diesem Getränk. Er zeigt auf sein Glas mit dem Zinnwalder Moor. Genau dies hat auch unser Mann aus Schwarzafrika zur Unterstützung genommen. Sein Sie beruhigt, kein Dope, die Sportmedizin hat es mehrere Male bereits getestet. Unser Mohr jedenfalls stammte aus Tete, einer Stadt in den Tiefen des heutigen Mosambik, und der nach Sachsen verkaufte Mann dunkler Haut erinnerte sich der Teter Kampflust aus seiner Jugend. Diesen Trunk boten die Alten seines Stammes stets vor dem Kampfe den Kriegern dar, auf dass sie siegreich auch heimkehren würden. Das Rezept lautete folgendermaßen. Ich spitze den Stift, kein Wort darf mir nunmehr entgehen.

Wir benötigen 7 Liter Rum Light-Dry und genau selbiges Maß an Rum Premium Black, so wie ihn die Seefahrer nutzen, um über Wellen und Einsamkeit wegzukommen. Dazu jeweils 7 Liter aus der Orange und Pampelmuse, vom Ananassaft benötigen wir nur 2,5 Liter, aber vom Kirschsaft brauchen wir 5. Zum weiteren Süßen nehmen wir ein, zwei Liter Zinnwalder Schneesirup. Das heißt, Sie schmelzen Schnee zu einem Liter sauberes Wasser, desgleichen Volumen messen Sie Zucker und verrühren nun beides. Günstig erweist sich, das Schneewasser vor dem Versetzen mit Zucker leicht zu erwärmen, umso schneller gehen Zucker und Wasser die Verbindung dann ein. Diesen Sirup kochen Sie danach zur Qualitätssteigerung noch einmal kurz auf. Letztlich geben Sie alles vom Rum bis zum

Schneesirup in ein großes Gefäß, wo Sie drin umrühren und abschmecken. Ist Ihnen die Mischung nun doch noch zu herb, geben Sie weiter Schneesirup zu, hat sie dagegen der Süße zu viel, mischen Sie reinen Zitronensaft drunter. Und natürlich schneiden Sie Obst darein, vor allem all die schwarzafrikanischen Früchte. Servieren Sie das Getränk vom Eise gekühlt, denn ganz verständlich, auch in Mosambik reicht man es kalt. Bis heute mixt es die Küche unserer Sportler tagtäglich. Tun Sie es nach, auf einen glückvollen Ausgang, beschließt Trainer Bert P. diese Ausführung. Aber da entstehen ja Fässer des teuren Saftes, ist in mir Überraschung. Ja, antwortet Trainer Bert P., da sollte man klotzen, nicht sparen. 400 Portionen birgt die Rezeptur, eine recht handliche Größe, aber jeder Einzelne wird mehr brauchen, um zum Sieger zu reifen.

Verbissen und nur mit Richlindens Hilfe trainierte der Mohr das schnelle Gleiten auf Schiern im königlichen Park von Großsedlitz und schoss wohl auf viele der niedlichen Putti. Noch heute sind nicht all seine Schussspuren beseitigt. Die Zutaten für die Kampflust aus Tete stahl der Mohr heimlich aus den Räumen der Orangerie. Und all diese Mühen der Ebene zahlten sich aus, das von keinem Geglaubte geschah: Der Teter Mohr besiegte Beathus Uslon, den Jä-ger, in fairem Streite. Uslon bot dem Mohren seine Hand, und eine immerwährende Freundschaft wurde geschlossen. Bald darauf freite der Mohr seine Richlinde, Beathus war Zeuge. Dies war die erste schwarzweiße Ehe auf sächsischer Erde (zumindest der Hautfarbe nach), berichtet die Chronik. Fortan maßen sich beide Männer jährlich im Kampf auf Schiern mit Gewehr unter den lächelnden Augen der holden Frau, und andere Dorfbewohner taten dies mit. Seitdem besteht die Tradition dieser Wettkämpfe und dieses köstlichen Trankes. Auf einen glückvollen Ausgang, hebt Trainer Bert nochmals sein Glase. Unser Zinnwalder Mohr gab dem Sport, den er trieb jetzt hier im Gebirg, den Namen seines wirklichen Freundes: Beathususlon. Nach Jahren, als diese Sportart auch international Usus wurde, strich man das Usus, und Beathlon blieb als Name noch über. Aber der Beathlon, wende ich ein, heißt doch Biathlon heute. Na und?, sieht mich Trainer Bert P. übers Glas hinweg an: Nee heißt woanders auch nö, ni, naa oder nein. Ein glückvoller Ausgang.

ⓘ Barockgarten Großsedlitz: Parkstraße 85, 01809 Heidenau
  Eliteschule des Sports: Schellerhauer Weg 10, 01776 Altenberg

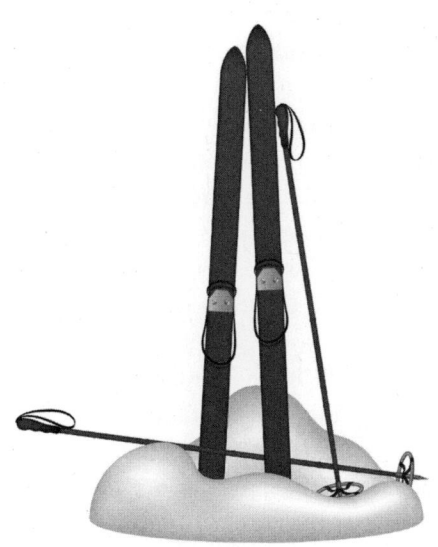

Knecht Finke schreibt an den König

Als Höchstseel. Sr. Königl. Majestät in Pohlen und Churf. Durchl. zu Sachsen nach Pohlen reiseten, so überreichte ein gewisser Pächter, Nahmens Finke, Ihro Majest. kurtz vor dero letzten Abreise nach Pohlen nachfolgendes allerunterthänigstes Memorial in deutschen Versen, worauff er dann auch all Dasjenige, so er darinnen gebeten, erhalten. Es lautet also:

> Tausendguter, lieber König,
> Höre doch nur ein klein wenig,
> Wie Du andern auch gethan,
> Deines Knechtes Vortrag an!
>
> Ja, Du hörst mich ohne Zweifel,
> Denn ich bin ein armer Teuffel;
> Du hast an die Tausend Leuten
> In den höchstbeglückten Zeiten,
> Da Du Herr und König heißt,
> Gnade, Hülf und Schutz geleist.
>
> Drum will ich die Tröstung fassen,
> Du wirst mich nicht hülflos lassen.
> Jetzo lauf' ich auf dem Lande,
> Bald im Kothe, bald im Sande,
> Auf dem Felde her und hin,
> Weil ich noch Verwalter bin.
>
> Und bin auf dem Würthschafts-Orden
> Steiff auf meinen Knochen geworden,

Darum bitt' ich, laß mein Flehen
Dir zu Hertz und Ohren gehen,
Räume mir ein Dienstgen ein,
Daß ich kann ein Schreiber sein.

Denn ich wollte gern beim Schreiben,
Bis ich sterben werde, bleiben.
Nun will ich der Hoffnung leben,
Du wirst mir ein Aemtgen geben,
Daß ich bei der Schreiberey
Lebenslang versorget sey.

Das ist eins; nun will ich's wagen,
Dir noch etwas vorzutragen:
Wirff von Deinem hohen Throne
Hundert Thaler meinem Sohne,
Landesvater, gnädig hin,
Weil ich gäntzlich Willens bin,

Wenn man wird Surrexit singen,
Ihn nach Wittenberg zu bringen;
Gleichwohl ist zum Ungelücke
Kein d'argent in meiner Ficke,
Drum ist meine Zuversicht
Diesfalls bloß an Dich gericht.

Denn, mein König, diese Gnade
Ist vor Dich ein kleiner Schade.
Wenn mein Sohn vor Deine Gaben
Wird was Gut's gelernet haben,
Alsdann soll er Dir allein
Lebenslang gewidmet seyn.

Laß ihn mit zum Rechten rathen,
Oder mach ihn zum Soldaten.
Das sind nun die beyden Sachen,
Die mir tausend Sorgen machen.
Großer König, setze Du
Diesertwegen mich in Ruh.

Möge fest und herrlich stehen,
Bis die Welt wird untergehen.
Nun, mein König, will ich schließen,
Laß die Schrift Dich nicht verdrießen,
Wie mein Anfang so mein Schluß:
Pauper sum diabolus.

Ich bin, bis ich sterbend sinke,
Großer König, Dein Knecht Finke.

Bärenstarke Geschichte

urfürst Friedrich August I. trug den Namen »August der Starke« nicht grundlos. Im Volk erzählt man sich bis heute sagenhafte Anekdoten. Hufeisen habe er freihändig auseinandergebogen, Kanonen hochgehoben und deren Kugeln selbst vom Königstein geworfen. Und auf dem Geländer der Brühlschen Terrasse ist noch heute sein Daumenabdruck sichtbar. Touristenattraktion!

Seltner hört man die Geschichte vom Bären: Friedrich August »hatte sich einen jungen Bären in Polen erziehen und zahm machen lassen, welcher endlich zu einem der größten Bären anwuchs. Und weil er sehr zahm und gegen den König außerordentlich treu war, so hatte er ihn fast immer selbst auf seinem Zimmer um sich und fütterte ihn öfters mit eigenen hohen Händen. Man warnte den König, dem Bär nicht zuviel zu trauen, er könne sich vielleicht seiner Wildheit erinnern und in einem unglücklichen Augenblick dem kostbaren Leben des Königs ein Ende machen. Allein der König glaubte von der Treue seines Bären zu sehr überzeugt zu sein, als daß er das befürchten sollte. Aber jener, von den Hofleuten befürchtete Augenblick kam. Der König war eines Morgens mit dem Bär ganz allein auf dem Zimmer und nahm sein Frühstück ein. Bei dieser Gelegenheit hielt er dem Bär eine Mundsemmel vor den Rachen, zog sie aber jederzeit zurück, sobald der Bär sie fassen wollte. Das wurde dem Bär endlich überdrüssig, so bäumte er sich mit fürchterlichem Gebrülle in die Höhe und drohte, den König zu zerreißen. Der König ergriff in der Geschwindigkeit einen Tisch und verteidigte sich solange gegen die Angriffe des Bären, bis er einen Hirschfänger ergreifen konnte, mit dem er ihm sogleich den Kopf spaltete. Der König, dem der Bär immer noch lieb war, befahl, alles anzuwenden, um ihn am Leben zu erhalten, und er wurde auch gänzlich geheilt. Sobald sich in der Folge der König vor seinem Gefängnis sehen ließ, so demütigte sich der Bär augenblicklich, da er seinen Überwinder vor sich sah. Aber der König wollte ihn endlich doch nicht mehr um sich haben, sondern ließ ihn in den hohnsteinischen Bärengarten schaffen, wo er noch lange Jahre lebte, bis er endlich in einem Tiergefecht zu Großsedlitz von einem Auerochsen an die Wand gespießt wurde, nachdem er vorher noch einem Auerochsen die Hörner nebst dem Hirnschädel abgerissen hatte.«

ⓘ Bärengarten im Schindergraben: Bärengarten, 01848 Hohnstein
Brühlsche Terrasse: Brühlsche Terrassen, 01067 Dresden

Ganz große Oper

Einst hatte Sachsenkönig Otto der Große (*912; †973) den Kölner Bischof Gero (*900; †976) nach Konstantinopel gesandt, um eine byzantinische Prinzessin als Braut für seinen Sohn Otto II. (*955; †983) heimzuführen. Gero brachte Theophanu (*um 960; †991). Sie wurde eine der einflussreichsten Herrscherinnen Europas, deren Geschichte bis heute fasziniert. So nahm es nicht Wunder, dass der italienische Komponist Antonio Lotti (*um 1667; †1740) den Stoff zu einer Oper machte, die auf sächsische Gegenwart anspielte: *Teofane* war Höhepunkt des Festes, das August der Starke zur Vermählung seines Sohnes Friedrich August (*1696; †1763) gab. Die Hochzeit bot alles an barockem Übermaß, was möglich, und fand vom 2. September bis 12. Oktober 1719 in den Schlössern Dresdens statt. »Das Programm für die 41-tägige Hochzeitsshow füllte 78 Druckseiten« und brachte Bälle, Opern, Komödien und Spiele für den Hofstaat und seine Gäste. Die Kosten betrugen 4 Millionen Taler, ein Vielfaches der Investitionen in Kunst und Bau. Sie wurden dem Steuerzahler auferlegt und stürzten Sachsen in einen jahrelangen Schuldenhaushalt. Doch noch heute spricht man von diesen »unvergleichlichen Planetenfeierlichkeiten« und lässt die kulturelle Pracht in der Residenzstadt gern wieder aufleben.

Friedrich August II. wurde dem Kurfürstenpaare im Oktober 1696 geboren, er blieb August des Starken einzig legitimes Kind. Die streng lutherische Mutter Christiane Eberhardine von Brandenburg-Bayreuth (*1671; †1727), genannt »die Betsäule«, erzog ihn in ihrem festen Glauben, »allein Papst Clemens XI. (*1649; †1721) erreichte von seinem Vater das Versprechen, auch den Jungen zum Uebertritt in die katholische Kirche zu bewegen, umso leichter, als dieser Schritt die nothwendige Voraussetzung schien, um dem sächsischen Hause die polnische Krone zu erhalten«. Man trennte also den Sohn von seiner protestantischen Umgebung, Jesuiten übernahmen die Erziehung. 1712 bekannte sich Friedrich August zunächst heimlich, 1717 offiziell, zum Katholizismus. Unter diesem Glaubensbekenntnis freite er Maria Josepha von Österreich (*1699; †1757), ein machtstrategisches Bündnis gegen Preußen und verbunden mit der sächsischen Hoffnung auf eine zukünftige Kaiserwürde. Diese zerschlug sich zugunsten von Maria Theresia (*1717; †1780). Die geschlossene Zwangsehe ward glücklich, der Gatte blieb treu: »Maria Josepha, die sich ebenso gern wie ihr Mann auf Jagdausflüge begab, gebar ihm fünfzehn Kinder, die alle von ihrer Mutter als Bewunderin des Heiligen Franz Xaver (*1506; †1552) die Vor- oder Beinamen Franz Xaver bzw. Francisca Xaveria erhielten.«

Die Planetenfeierlichkeiten anlässlich der Hochzeit begannen »mit der Einholung der Braut auf der Elbe mit einer eigens dafür gebauten Prachtgondel, die 15.000 Taler gekostet haben soll. Die Erzherzogin und Kaisertochter, die von Wien aus von türkischen Soldaten in osmanischer Paradeuniform in ihre neue Heimat begleitet worden war, betrat am 2. September 1719 in Pirna auf der Elbe die Buccentauro, eine Replik der venezianischen Staatsgondel, wo sie vom Bräutigam empfangen wurde. In Begleitung anderer Prunkschiffe und mit Musik von Johann Paul Hebenstreit (*1660; †1718), Pierre-Gabriel Buffardin (*1689; †1768) und Silvius Leopold Weiss (*1687; †1750), die von sechs Oboisten und zwei Hornbläsern intoniert wurde, fuhr der Bräutigam mit seiner Braut in das barocke Dresden ein. Mit orientalischem Pomp wurde das Brautpaar empfangen. Es erklang türkische Musik, als das Paar auf der Vogelwiese erschien, die als Festwiese mit neun kostbaren türkischen Zelten orientalisch hergerichtet war. August der Starke empfing die Brautleute in der kostbaren Festtracht eines Sultans. Der aus über hundert prunkvoll geschmückten Kutschen bestehende Brautzug wurde mit Trompeten und Pauken von den Triumphbögen und Kirchtürmen in das Dresdner Residenzschloss begleitet. Anderntags besuchte der Hofstaat in der Katholischen Hofkapelle ein Te Deum, das mit Musik des Hoftrompetencorps begleitet wurde. 330 Salutschüsse kündeten im protestantischen Dresden provokant von dem Zeremoniell der katholischen Kirche, die den hymnenartigen Ambrosianischen Lobgesang ›Dich, Gott, loben wir‹ als Lob-, Dank- und Bittgesang intonierte. Anschließend begab man sich ins Residenzschloss zur Festtafel und speiste bei Kerzenschein, feierlich begleitet von Hofkapellmusik sowie Gesangseinlagen. Den Abschluss des Tages bildete ein Besuch in dem neuen Opernhaus am Zwinger. Dessen Bau erst 1718 begonnen worden war und von Matthäus Daniel Pöppelmann (*1662; †1736) rechtzeitig zur Hochzeit fertig gestellt wurde. Aufgeführt wurde die Oper ›Giove in Argo‹, eine Opera seria in drei Akten, die Antonio Lotti 1717 als Melodrama pastorale vertont hatte mit Jupiter als Helden der antiken Mythologie. Den Part von Jupiter sang der damals berühmte Francesco Bernardi, genannt Senesino (*1686; †1758), ein italienischer Kastrat in Altlage, der als erfolgreicher Opernsänger 1717 am Dresdner Hof angestellt worden war. Das Libretto stammte von dem venezianischen Dichter Antonio Maria Lucchini (*um 1690; †nach 1730). Hofschreiber David Faßmann (*1685; †1744) notierte, ›wie man den ganzen Monat hindurch italienische und französische Opern und Komödien gab, wie Kampfjagden mit Feuerwerken, Turnieren, zu Ross und zu Fuß, abwechselten, wie Karussells und Ringelrennen, Türken- und andere Aufzüge, Nachtrennen, Wasserjagden, ein Jahrmarkt von maskierten Personen aller Nationen, ein Damen- und Bergleutefest aufeinander folgten‹. Zu den Feierlichkeiten waren aus London auch Georg

Friedrich Händel (*1685; †1759) und Georg Philipp Telemann (*1681; †1767) angereist. Für die Hochzeitsfeierlichkeiten wurde eigens die Oper ›Teofane‹ komponiert, die am 13. September 1719 in dem neuen Operngebäude uraufgeführt wurde. Das Libretto hatte der italienische Hofdichter Stefano Benedetto Pallavicino (*1672; †1742) geschrieben. Vertont hatte es Antonio Lotti, dessen Musik Kurprinz Friedrich August bei seinem Besuch in Italien so begeistert hatte, dass er den Italiener spontan nach Dresden einlud. Am 20. September erfolgte im Zwinger das Merkurfest, das mit einem festlichen Umzug und der Aufführung einer italienischen Kantate begann und von der Braut eröffnet wurde, die in einem prunkvollen Muschelwagen auf dem Festgelände eintraf. An diesem Tag wurde im Zwinger mit vielen Veranstaltungen das ›Fest der Nationen‹ gefeiert, bei dem maskierte Männer und Frauen in Kostümen vieler Nationen auftraten. Das mit einem Jahrmarkt verbundene Fest begann am Abend und dauerte bis in die Morgenstunden. Es gab Musik und Umzüge in Nationaltrachten, bei denen die Musiker der Hofkapelle in Kostümen mit umherzogen und musizierten. In den Pavillons und Bogengalerien, die mit Kerzenlicht erstrahlten, speisten die Gäste des Kurfürsten und die übrige Hofgesellschaft in den Obergeschosssälen der Zwinger-Pavillons. Die Gäste saßen an geschmückten Tafeln, was in einem ›Bilderwerk der Hochzeitsfeierlichkeiten‹ festgehalten wurde. Im Zwingerhof, von Tausenden Lämpchen erhellt, amüsierten sich die zugelassenen Kammerdiener und sonstige Bedienstete des Hofes, eingeladene Bürger sowie die am Fest mitwirkenden Künstler. In den späten Nachtstunden mischten sich die Gäste des Kurfürsten darunter.«

Für Komponist Antonio Lotti war dies sein letzter großer Auftritt in Dresden. Nach den Planetenfeierlichkeiten wurde er aus sächsischen Diensten entlassen und kehrte in seinen Geburtsort Venedig zurück. Drei Jahre später vertonte Georg Friedrich »Händel diese fürstliche Hochzeit als ›Ottone‹, eine Oper in drei Akten. Die Partitur hatte er am 10. August 1722 vollendet. Das Libretto stammte von Nicola Francesco Haym (*1678; †1729). Grundlage der Komposition von Händel bildete das Libretto der Oper ›Teofane‹. Händels Oper wurde am 12. Januar 1723 im Londoner King's Theatre erstmals gezeigt und erreichte gleich in ihrer ersten Saison 14 Vorstellungen.«

ⓘ Zwinger: Sophienstraße, 01067 Dresden
Residenzschloss: Taschenberg 2, 01067 Dresden

Das Fifat des Jahrhunderts

Von sich Reden machte August der Starke sehr gern: Die Schweden hatten nach dem Großen Nordischen Krieg (1700–21) um die Vormachtstellung im Ostseeraum an Macht deutlich verloren, das russische Zarenreich unter Peter I. (*1672; †1725) avancierte zur europäischen Großmacht. Der sächsische Kurfürst und polnische König hatte aufseiten des Siegers gekämpft und musste danach seine Armee reformieren. Als das getan, beschloss er, dies andern Herrschern vorzuführen. Augusts »Großes Campement bei Mühlberg« war unvergleichlich und ging als das »Zeithainer Lustlager« in die Geschichte ein. Die größte je gesehene Truppenschau »nahm ihren Anfang am 31. Mai und endete am 26. Juni 1730. Mit diesem Feste begann für das nördliche Sachsen eine Zeit des Jubels, der Freude und der Abwechslung, aber auch der Beschwerden und drückenden Lasten.« Augenzeugen sprachen alsbald vom »Spektakel des Jahrhunderts«.

Schon lange hatte der Kurfürst »die Idee, einmal ein großes Manöver abzuhalten. Greifbarere Formen hatte sie angenommen, als die bestehenden Zwistigkeiten und Mißhelligkeiten zwischen ihm und dem Könige Friedrich Wilhelm I. (*1688; †1740) von Preußen durch mehrmalige Besuche ausgeglichen worden waren und August etlichen großen Truppenrevüen in Preußen beigewohnt hatte. Dem preußischen Soldatenkönig Friedrich Wilhelm I. zu Ehren, der seinen Besuch bei dem Kurfürsten angesagt hatte, wollte nun August der Starke ein Manöver veranstalten, das alles bisher Dagewesene übertreffen sollte.« Die Vorbereitungen hatten Jahre gedauert. Neue Bestimmungen über Kleidung und Ausrüstung waren gegeben, 4.000 Burschen wurden rekrutiert und neue Militäreinheiten gebildet. Die sächsische Armee bestand mittlerweile aus fast 30.000 Mann, welche ins Lustlager einmarschierten.

»Zum Manöverplatz hatte man ein Rechteck von etwa 5 km Länge und 4 km Breite eingerichtet, das sich zwischen den Dörfern Zeithain, Glaubitz, Radewitz, Streumen, Wülknitz und Lichtensee ausdehnte. Der anschließende Gorischwald mußte zu einem guten Teil ausgerodet werden, wobei 500 Bauern und 250 Bergleute beschäftigt waren. Die im Bereiche des Lustlagers liegenden Felder durften schon 1729 nicht wieder bestellt werden. Hohe Steinsäulen, die heutigen Tages noch stehen, bezeichnen ganz genau den Aufstellungs- und Manöverplatz.« Zum Feste erschienen etwa 40 Herzöge, Prinzen und Fürsten, sie wohnten mit ihrer Begleitung und ihrer Dienerschaft auf den Schlössern in der Umgebung.

Bei Streumen hatte man auf einem mächtigen Unterbaue einen zwei Stock hohen, hölzernen, reich vergoldeten Pavillon errichtet. »Das Dach war in Grün und Gold gehalten, und von den goldenen Knöpfen wehten rot und weiße Fahnen. In der oberen Etage, die in der Mitte ihrer Längsseite einen reich mit Purpur und Goldfransen geschmückten Balkon mit mächtigem darüber gespannten Thronhimmel zeigte, hielt sich die kurfürstliche Familie während der Manöverstunden auf.« Die untere Etage hatte man der Küche, der Kellerei und der Konditorei eingeräumt. Unweit des Pavillons war ein Opernhaus erbaut. Hier wirkte die Hofkapelle und eine italienische Sängergesellschaft in Opern und Konzerten.

Auf einer Anhöhe zwischen den Dörfern Radewitz und Glaubitz erhob sich in einer Länge von 700 Metern und der Breite von 400 Metern in Form eines Kreuzes das eigentliche Hoflager. Ein Graben und ein Wall, durch vier Eingänge unterbrochen, umschlossen das Ganze. Das Innere, aus 17 prachtvollen großen und vielen kleinen Zelten bestehend, bildete eine kleine Stadt. Die Gänge waren äußerst kunstvoll in bunten Farben parkettiert und überdacht. In der Mitte liefen Galerien nach allen vier Armen des Kreuzes hin, die in vier große Zelte mündeten. »Diese dienten als Salon, Speise- und Schlafzimmer und hatten bedeutenden Wert. Für den Kurfürsten hatte man außer dem Pavillon noch einen prunkvollen Palast errichtet; weiter war ein Komödienhaus bei Streumen und eine Baracke für den Hoftaschenspieler und Hofnarren des Kurfürsten, außerdem eine mächtige Holzkulisse erbaut worden. Diese Holzkulisse konnte durch Feuerbrände erleuchtet und illuminiert werden und hatte eine Länge von 200 Ellen und eine Höhe von 100 Ellen. An ihr hatten 200 Zimmerleute und Holzschnitzer ½ Jahr gearbeitet, und sechs Italiener hatten auf die 6.000 Ellen Leinwand, mit denen das Gerüst bezogen war, ein Schloß gezeichnet, so täuschend, daß man von einiger Entfernung glaubte, das Schloß sei wirklich vorhanden.« Während der Zeit dieser Manöver- und Festtage war für die leiblichen Bedürfnisse ausgezeichnet gesorgt. Im Hoflager selbst wurde täglich auf des Kurfürsten Kosten an zwölf großen Tafeln von 15 Ellen Länge gespeist. Die Speisegeschirre waren aus Gold, Silber und Zinn. Die kurfürstliche Dienerschaft bestand aus den Pagen, den Lakaien und Knechten, 16 Bockpfeifern, 24 Mohren, 108 Grenadieren und 252 Janitscharen. Außerdem hatte der König von Preußen 150 Offiziere zu seiner Begleitung mitgebracht, die ebenfalls an der kurfürstlichen Tafel speisten.

Zu den Großartigkeiten des Lustlagers gehört auch der sagenhaft gewordene Riesenkuchen. Derselbe wurde von dem Bäckermeister Andreas Zacharias und 60 »Beckerknechten« gebacken. »Der Backofen, in dem er sechs volle Stunden buk, war besonders dazu erbaut und schon acht Tage vorher angeheizt worden. Man verwendete zu dem Kuchen 16½ Scheffel Mehl, 3.600 Eier, 4 Tonnen Milch und 1½ Tonne Hefen; die Menge des Zuckers, der Rosinen und Mandeln ist nicht mehr zu ermitteln. Seine Länge betrug 16 Ellen, die Breite 6 Ellen, die Dicke ½ Elle und das Gewicht 40 Zentner. Um ihn in den Backofen hinein- und aus demselben wieder herauszubringen, waren 100 Personen erforderlich.

Ein Zimmermann zerteilte ihn mit einem Messer von 3 Ellen Länge und zwar so, daß er erst ein Loch schnitt, in dasselbe hineintrat und dann von der Mitte aus einzelne Stücke absäbelte.« Als die Stücke verteilt wurden, entstand ein großer Kampf, der allen Anwesenden unsäglichen Spaß bereitete. Der alljährliche Riesenstollen auf dem Dresdner Striezelmarkt erweist diesem Geschehen gegenwärtig die Ehre.

Seinen Abschluss fand das Fest »in einem prächtigen Feuerwerke am Abende des 24. Juni, das Tausende von Zuschauern in spannender Bewunderung hinriß. Von 80 Holzgestellen stiegen Raketen in allen Farben ununterbrochen zum Himmel auf, 48 Mörser warfen Leuchtkugeln, 24 kolossale Feuerräder und eine Unzahl von Lichtern, Sternen, Fackeln und Lampions verbreiteten einen Regen von feurigem Golde und einen Glanz, der nicht enden wollte. Die schon erwähnte große Leinwandkulisse war dabei auf das Prächtigste illuminiert, dazu donnerten 60 Geschütze, dröhnten sämtliche Pauken und spielten alle Musikchöre ohne Unterbrechung. Dem Landfeuerwerke schloß sich das Wasserfeuerwerk an, das ebenso großartig war. Einem riesengroßen, feuersprühenden Walfische folgten vier feurige Delphine, auf diese kam dann die ganze Flotte, ein Schiff nach dem anderen in endloser Reihe, langsam, lautlos und majestätisch, dabei herrlich geschmückt und illuminiert. Das fünfstündige Feuerwerk tauchte Riesa in alle Farben.«

Einzig der »commandierende Oberstlieutenant« Johann Daniel von Jauch störte die schöne Inszenierung: Sein großes VIVAT zu Ehren des Königs war falsch geschrieben: FIFAT. Das deutete man schnell ins Positive: *Fausta Iubila Fecerunt Augusti Tempora* – »Freudige Feste schufen Augusts glückliche Zeiten«. Jauchs Spitzname lautete fortan: Fifat.

ⓘ Obelisken: 2 x in der Glaubitzer Flur, 1 x bei Streumen, 1 x bei Zeithain
Türckische Cammer im Residenzschloss: Taschenberg 2, 01067 Dresden

Die Zähmung des Sohnes

Alle Handlungen der Menschen sind verschiedener Auslegung unterworfen. Man kann Gift über die guten ausgießen und den schlechten eine Wendung geben, durch die sie entschuldbar und selbst lobenswert werden; die Parteilichkeit oder Unparteilichkeit des Geschichtsschreibers entscheidet über das Urteil des Publikums und der Nachwelt.

Friedrich II. von Preußen

Lage und Aussicht sind unvergleichlich: Schloss Promnitz liegt am Ufer der Elbe, vis-à-vis der Stadt Riesa. Zu Beginn des 17. Jahrhunderts baute die Familie Köckeritz auf den Mauern eines alten Vorwerks ihr Renaissanceschloss. Nachfolgende Besitzer erweiterten das Ensemble. 1717 erwarb der kursächsische Generalmajor Friedrich Albert von Wolffersdorff das Promnitzer Schloss. »Angeblich auf Geheiß Augusts des Starken ließ es der Kavallerieoffizier im Stile des Barock umbauen. Er verband die beiden Renaissancebauten durch einen nach Süden gerichteten Mittelbau, von dem man durch acht Fenster auf die Elbe und hinüber nach Riesa schauen konnte. Vier der Fenster gehörten zum größten Raum im neuen Schloss, dem Festsaal.«

An jenen Fenstern sollen sie gestanden und aufs Feuerwerk geschaut haben: Vater und Sohn, König und Kronprinz, Friedrich Wilhelm I. von Preußen und sein Thronfolger, der kaum 18-jährige Friedrich (*1712; †1786). Sie kamen auf Einladung Augusts des Starken, von Wolffersdorff bot ihnen im Schlosse zu Promnitz Quartier. Denn um die Spannungen zwischen Sachsen und Preußen abzubauen, hatte der sächsische Kurfürst zum Manöver, dem Zeithainer Lustlager, gerufen. Anerkennend hatte der Soldatenkönig bereits bemerkt: »Die drei Regimenter Kronprinz gut, Weissenfeld

94

gut, sehr gut. Pflugk sehr miserabel, schlecht. Befehlsgebung gut. Von der Kavallerie habe ich Kommandos gesehen, die finde ich sehr propre.« Konnten die Herrscher ihre Differenzen wohl glätten, kam es in Promnitz zur privaten Katastrophe: Der Vater-Sohn-Konflikt eskalierte. Friedrich flüchtete aus dem Lager.

Vielleicht hatte der Prinz bereits Pläne geschmiedet. Vielleicht »machte er sich mit der berechtigten Hoffnung Mut, daß Seine Majestät ihr Temperament in Gesellschaft des Kurfürsten von Sachsen und Königs von Polen und der vielen fremden und hohen Herren des sächsischen Hofes zügeln werde. Doch er irrte sich. Als Friedrich beim Bankett vor seinem Vater stand, erhob sich dieser schwerfällig von seinem Platze und versetzte seinem Sohn in Gegenwart des sprachlosen Gastgebers und seines ganzen Hofstaates ein paar schallende Ohrfeigen. Zum Glück trug er nicht wie zwei Wochen vorher seinen Stock bei sich, und zum Glück lähmte offensichtlich auch der Alkohol seinen strafenden königlichen Arm, sonst hätte es Friedrich Wilhelm mit Sicherheit nicht bei diesen beiden Ohrfeigen bewenden lassen und dem versammelten sächsischen Hof ein noch beredteres Zeugnis seiner in Preußen schon bekannten Erziehungsmethoden gegeben.« So aber habe der nur höhnisch bemerkt, dass es keinem verborgen bleiben konnte: »Schäm Er sich, wäre ich von meinem Vater so behandelt worden, ich würde davongelaufen sein oder mich totgeschossen haben. Er aber hat weder Mut noch Ehre. Ihm kann man alles bieten!« Der gedemütigte Prinz eilte zurück und weihte Freund Hans Hermann von Katte (*1704; †1730) in seine Fluchtpläne ein. Kontakte zum französischen Herrscherhaus seien zu knüpfen, auch die Engländer würden ihm Hilfe leisten, meinte Friedrich optimistisch. Katte riet ab, doch handelte er im Sinne des Prinzen. Es kam nicht in Zeithain zur Flucht, doch wenige Wochen später auf süddeutscher Reise.

Dieser Generationskonflikt war mehr als eine Familienkontroverse. »Er war Ausdruck spannungsgeladener politischer Differenzen am preußischen Hof. Er hätte nie eine so unerhörte Zuspitzung erfahren können, wenn sein Nährboden nicht die große Politik gewesen wäre, wenn er nicht die Existenz des preußischen Staates selbst bedroht hätte. Der Kronprinz Friedrich, zur damaligen Zeit noch allem Militärischen abgeneigt und mehr den geistigen Dingen und den Musen zugewandt, mußte in seinem Vater zu Recht die Furcht erzeugen, daß mit seiner Thronbesteigung ernste Gefahren für das eben geschaffene junkerlich-militante Herrschaftssystem Preußen heraufziehen würden. Genährt wurde diese Befürchtung durch des Kronprinzen Neigung zur Prädestinationslehre – ›Gott hat dein Leben vorbestimmt‹ –, deren Anliegen die von Friedrich Wilhelm über alles gestellte Staatsräson untergrub und deren Dogmen gegen das absolutistische Regime an sich gerichtet waren.« In diesem Vater-Sohn-Konflikt spiegeln sich die unterschiedlichen Interessen der zwei großen politischen Lager am preußischen Hof, deren eines sich um die Königin scharte. Sie verfolgte eine enge Bindung Preußens an England und Frankreich und suchte dies auch durch eine Hochzeit zu stärken. Doch vereinigten sich in diesem Bündnis auch die unzufriedenen Teile des Hofadels, dessen Einfluss und Macht Friedrich Wilhelm rigoros beschnitten hatte. Diese Interessen standen diametral denen des Königs gegenüber, »der das Bündnis mit dem Kaiser zu festigen trachtete und der von der englischen Partei eine Palastrevolution befürchtete und in der geplanten Vermählung des Kronprinzen mit einer englischen Prinzessin den direkten Angriff auf sein absolutistisches Herrschaftssystem sah«. Durch Fehladressierung einer Nachricht von Friedrich an seinen Helfer flog der Fluchtplan auf, und Hans Hermann Katte kam als Verräter in Haft. Friedrich Wilhelm statuierte ein Exempel an Gnadenlosigkeit und Härte und zähmte seinen Sohn: »Also wollen Sie hiermit und zwar von Rechtswegen, daß der Katte, ob er schon nach denen Rechten verdient gehabt, wegen des begangenen Crimen Laesae Majestatis mit glühenden Zangen gerissen und aufgehenket zu werden, Er dennoch nur, in Consideration seiner Familie, mit dem Schwert vom Leben zum Tode gebracht werden solle.« So wird es geschehen sein, und Katte schrieb im Abschiedsbrief an den Vater: »Wie dachte ich nicht, mich in der Welt empor zu schwingen, und Ihrer gefaßten Hoffnung Genüge zu leisten; wie glaubte ich nicht, daß es mir an meinem zeitlichen Glück und Wohlfahrt nicht fehlen könnte; wie war ich nicht eingenommen von der Gewißheit meines großen Ansehens! Aber alles umsonst! Wie nichtig sind nicht der Menschen Gedanken: mit einmal fällt alles über einen Hauffen, und wie traurig endiget sich nicht die Scene meines Lebens, und wie gar unterschieden ist mein jetziger Stand von dem, womit meine Gedanken schwanger gegangen; ich muß, anstatt den Weg zu Ehren und Ansehen, den Weg der Schmach und eines schändlichen Todes wandeln.«

Die Räder der Justiz mahlen unerbittlich, Gnade wird nicht gewährt. Vollstreckungsdatum: 6. November 1730. Vollstreckungsort: Festung Küstrin. Vollstreckungsgeschichte: »An einem Fenster der Wachgebäude sah Katte den Prinzen stehen, der ihm zuwinkte, dann aber vom Fenster zurücksank. Der König hatte ihm befohlen, der Hinrichtung seines Mitverschworenen beizuwohnen. Vielleicht sank der Prinz in Ohnmacht, weil ihn das Mitgefühl mit Katte überwältigte, vielleicht aber auch nur, weil er in Kattes Ende seinen eigenen Tod voraussah. Denn zu diesem Zeitpunkt wußte Friedrich noch nicht, daß der Vater gesonnen war, ihn zu begnadigen.

An der Richtstätte angekommen, verlas der Geheime Rat Gerbert noch einmal das Urteil. Dann erteilte der Priester dem Delinquenten die letzte Absolution. Katte nahm mit großer Bewegtheit Abschied von den Offizieren, trat dann ohne jede Verkrampfung und Gezwungenheit an den Richtblock. Major von Schenk wollte dem Leutnant beim Ablegen seines Rockes behilflich sein und ihm eine Binde reichen, damit er nicht die letzten schauerlichen Vorbereitungen seiner Hinrichtung sehen mußte. Aber der Leutnant verschmähte beides. Er grüßte noch einmal die Sonne, die mit ihren ersten Strahlen den schrecklichen Ort in gleißendes Licht tauchte, atmete noch einmal die Frische des Morgens und legte seinen Kopf auf den Richtblock.«

ⓘ Schloss Promnitz: Am Elbdamm 1, 01619 Zeithain
   Grab Friedrich II., Potsdam Sanssouci: Maulbeerallee, 14469 Potsdam
   Festung Küstrin: Graniczna 1, 66-470 Kostrzyn nad Odrą (Polen)
   Grab Hans Hermann Katte, Ostgruft der Kirche: Breite Straße 61, 39524 Wust

Flieg, Falke, flieg und jage

Bereits in den Paralipomena im Buch Jeremia der Bibel fungiert der Adler als Bote Gottes, der zu Baruch gesandt wird, um dessen Brief an die Exilanten in Babylonien per Flugpost zu überbringen. Es ist eine alte Kunst, Falken und andere Raubvögel im menschlichen Leben zu integrieren. Und da Raubvögel jagen, war es naheliegend, sie abzurichten. »Dieses erlesene und vornehme Vergnügen hat sich aus dem grauen Altertum durch das Mittelalter hindurch bis in die neuere Zeit fortgeerbt, auch bei dem ritterlichen und reichen Fürstengeschlechte der Wettiner fand es Anklang und Aufnahme.«

Bereits Markgraf Dietrich der Streitbare von Meißen (*1370; †1428) ließ sich Jagdfalken vorantragen, ob sein Hof eine Falknerei besaß, ist nicht überliefert. Belegt ist, dass Friedrich der Sanftmütige (*1412; †1464) sechs Falken aus dem preußischen Ordenslande erhielt. Auch Albrecht der Beherzte (*1443; †1500) betrieb die *arte venandi cum avibus* – die Kunst, mit Falken zu jagen. So bekam er im Jahre 1472 Falken aus Polen und wies seinen Rentmeister an, den Überbringern ein »Trankgeld von 4 Schock und 36 Groschen zu verabfolgen«. Seitdem scheint sich die Falknerei am sächsischen Hof etabliert zu haben. 1550 sendete König Christian von Dänemark (*1503; †1559) dem Kurfürsten Moritz (*1521; †1553) neue Falken, »die diesmal in unserem Reich gefangen, um Euer Lieb Federspiel zu stärken«. Aus dem Jahre 1549 ist ein Schriftstück über die Anstellung eines Falkners im Dienste des Herzogs August (*1526; †1586), des Bruders von Kurfürst Moritz, aufbewahrt, »in welchem jener angewiesen wird, die Falken und andere Vögel, die ihm der Herzog zustellen werde, in guter Sorge zu haben und zurecht zu bringen, mit denselben Weidwerk zu treiben und alles, was er fange, in die herzogliche Küche abzugeben. In einer Bestallungsurkunde von 1555 wird dem obersten Falkner auferlegt, er sollte mit 3 Kleppern, 2 Knechten und Falknern und einem Buben dienstgewärtig sein und vornehmlich zu des Kurfürsten Weidwerk und Lust 14 Falken halten, auch dieselben abrichten, daß sie zum Entvogel, Hasen und Reiher zu gebrauchen wären.« Dann scheint die Falknerei am Hofe nicht mehr üblich.

Als im Jahre 1611 Johann Georg I. (*1585; †1656) zur Regierung gelangte, ernannte er wieder einen kurfürstlichen Falkenmeister, welchem »für sich sein, sein gesinde, uff die vogel, pfert und hunt« jährlich 1.000 Gulden ausgezahlt werden sollten. »Hierzu traten noch freie Wohnung in dem 1606 erworbenen Grundstücke des Falkenhofes zu Dresden (heute erinnert daran die Falkenstraße), ein Deputat an Holz und das Recht, steuerfreies Bier zu brauen. Was gefangen wurde, hatte er gleichfalls in die kurfürstliche Küche abzugeben.« So setzte sich das Falkner-Handwerk fort.

»Bei dem Einbruche Karls XII. (*1682; †1718) in Sachsen i. J. 1706 wurden die Falken außer Landes geschafft und einstweilen auf der Fürstenbergschen Herrschaft Weitra in Böhmen untergebracht. In Anbetracht, daß sich in der Gegend des Kammergutes Kalkreuth, östlich von Großenhain, Reiherkolonien befanden, welche, von freiem Felde umgeben, für die Jagd ausgezeichnet lagen, wie nur in wenig Ländern, wurde der Vorschlag gemacht, die Falknerei in Dresden einzuziehen und hierhin zu überführen. In Kalkreuth bot sich Gelegenheit, die Reviervögel auf Enten und Elstern einzubeizen. Man konnte ferner die Dienstpferde ins Gras gehen lassen, anstatt sie nach der Beizzeit wegzuthun und im nächsten Jahre neu anzukaufen, wodurch nicht allein viel Zeitverlust für die Falkner entstand, sondern auch mancher Falke verdorben ward, ehe er sich an die Pferde gewöhnte.« Die sächsische Falknerei erreichte den Höhepunkt ihrer Entwicklung: »1727 waren vorhanden 4 bis 5 Flug (1 Flug = 3 Stück) Krähenvögel, 3 Flug Hasenvögel und 3 Flug Reihervögel, alle mit der erforderlichen Equipage an Pferden und sonstigem Zubehör, außerdem 3 Wind- und 2 Hühnerhunde. Das dem Hauptmann unterstellte Personal bezifferte sich auf 1 Falkenverwalter, 2 Falkenmeister, 6 Falkoniere, 2 Jungen, 1 Reiherwärter und 2 reitende Knechte. Alle Gelasse des Kammergutes, welche von der Vorwerks-Ökonomie entbehrt werden konnten, Zimmer, Kammern, Böden, Stallungen, Gärten u. s. w., wurden der Falknerei eingeräumt. Bei den Jagden, die im Mai und Juni stattfanden, boten die für diesen Zweck eigens gebauten Pavillons Unterkommen. Die baren Ausgaben waren außer den Deputaten zunächst auf rund 4.200 Thalern veranschlagt, wovon auf die Besoldung des Falknereihauptmannes 600, auf seiner Leute 1.026 Thaler entfielen, während auf den Ankauf der Vögel, die Beschaffung von Handschuhen, Schellen, Hauben und Zubehör 820 Thaler, die Verstärkung der Falknerei durch 3 Flüge Reihervögel nebst Falkonieren und Hunden 600 Thaler, die Anschaffung der Pferde mit Sätteln und Zeug 170 Thaler, die Livréen 420 Thaler, das Kostgeld für die Vögel 562 Thaler gerechnet wurden. Der Kaufpreis war für einen ›schlechten Falken‹ (zu Krähen und Reihern) auf 18 Thaler, für einen Gerfalken (zu Reihern oder Hasen) auf 24 Thaler, für einen Habicht (zu Reihern) auf 20 Thaler vorgesehen. Die Zahl der schlechten Falken sollte 28, der Gerfalken 7 und der Habichte 2 betragen. Doch vermehrten sich bei dem Bestreben, die Falkenjagden mit dem höchsten Glanze zu umkleiden, da der König und die Königin diesen Sport sehr liebten, die Unkosten stetig und wiesen 1754 die Höhe von 9.226 Thalern auf, von welcher Summe u. a. der Oberfalkenmeister Graf Hrzan von Harras 2.597, der Falknereipage Kammerherr von Seebach 700 Thaler bezog. All dieser Herrlichkeit wurde durch den siebenjährigen Krieg ein plötzliches Ende bereitet, der, nachdem am 2. Juni 1756 die letzte Falkenjagd stattgefunden hatte, die sächsische Falknerei dem Untergange weihte. Und was die Freunde derselben nach dem Friedensschlusse an maßgebender Stelle auch geltend machen mochten, um sie wieder aufzurichten oder wenigstens den Reiherstand für eine etwaige spätere Erneuerung beizubehalten, die Zeiten hatten sich geändert; andere Männer standen an der Spitze, bei denen die ins Feld geführten Gründe nicht mehr verschlugen. Durch ein Dekret vom 15. November 1763 ward die Auflösung der Falknerei verfügt, die Reiherpavillons wurden abgebrochen, und ein Stück mittelalterlicher Romantik versank damit auch auf sächsischem Boden in den Wogen der realen Mächte einer neuen Zeit.«

Die Falkenjagd, welche nur in ebenen, waldlosen Gegenden möglich ist, geschah gewöhnlich zu Pferde und scheint die Teilnehmer mit einem außerordentlichen Zauber umgarnt zu haben. »Mancher Maul und Nasen zumachen darüber vergiffet, wobei sehr zu zweifeln, ob die Zuschauer zum Teil wohl bei den Himmel all ihr Lebtag aus inbrünstigen Verlangen, einstmals hinzukommen, so unverwendet betrachtet haben, welches alles zu solcher Zeit als Vorwitz, den Ausgang dieses Kampf- oder Wettflugs zu sehen, geschiehet.« Dabei war die Jagd, wenigstens auf Vögel, gefährlicher als eine Parforce-Jagd, weil die den gefiederten Kämpfern nachreitenden Jäger nicht auf den Weg achten konnten, sondern ihre Aufmerksamkeit nach den Lüften richteten, so dass Ross und Mann oft stürzten und Unglück nahmen, »wobei nach greulichen Schmerzen die Barbierer und Roßärzte den besten Profit zogen«.

ⓘ Falkenstraße: 01067 Dresden
　 Gut Kalkreuth: 01561 Kalkreuth (Ebersbach)

Entrevue angehender Regenten

ie Reformen Kaiser Josephs II. (*1741; †1790) wirkten in Österreich lange fort. Er galt als »einer der bekanntesten Vertreter des aufgeklärten Absolutismus. Er war ein den Ideen des aufgeklärten Rationalismus verpflichteter Monarch, der zahlreiche, zum Teil tiefgreifende Reformen im Sinne der Nützlichkeit in der Habsburgermonarchie durchführte. Auf dem Gebiet des Rechtswesens, der Medizin, in der Administration und in der Religionspolitik, aber auch im Bereich des Theaters und Musiktheaters setzte er wichtige Impulse.« Im Jahre 1766 unternahm Josef II. eine Reise nach Sachsen, »hauptsächlich um daselbst die Brüdergemeinde zu Herrnhut kennen zu lernen; ehe er aber dieser einen Besuch abstattete, hielt er sich in der sächsischen Haupt- und Residenzstadt auf, und über seine Anwesenheit daselbst liegt folgende Schilderung vor, welche der Feder eines unbekannten, aber jedenfalls reichlich unterrichteten Persönlichkeit entstammt.«

Dresden, den 29. Juni 1766: »Am Freytag den 27. ist der Kayser wieder weg. Er hat 100 Souverains i.e. 300 Ducaten in die officin gegeben. Dem Oberstallmeister, Oberküchenmeister und Hausmarschall jedem eine goldene Tabatiere mit Brillanten und den vier Pagen, so zu seiner Aufwartung bestellt gewesen, goldene Uhren. Für den General-Adjudant von Riedesel, der Ihn an unsere Grenze begleitet, verwahrt Graf von Wurmbrand einen schönen Ring, den er bei retour haben soll. Aus der entrevue mit dem König von Preußen ist nichts geworden. Der Kayser wird hier von jedermann adorirt. Den letzten Morgen hat er dem Churfürsten (der damals 15½ Jahre alte Friedrich August III.) in seinem

Zimmer die visite gegeben, und als dieser ihm seine Risse, welche er selbst gemacht, zeigte, ergriff der Kayser die Gelegenheit und sagte: ›Dieses wäre zwar recht schön, daß der Churfürst sich damit amusirte, allein ein junger, angehender regente, wie sie beide wären, müßte alle amusements nur als Kleingeistigkeiten und Nebensachen tractiren, dagegen allemal seinen Hauptzweck sein lassen, wie er dereinst seine Unterthanen glücklich machen und ein guter Regent werden könnte. Besonders habe er künftig darauf zu sehen, daß er treue und redliche Ministres bekomme. Gute Generale finde man noch eher, aber gute Ministres wären rar wie Gold.‹ In diesem Tone hat er ununterbrochen eine halbe Stunde fortgeredet, zuletzt den Churfürsten umarmt und gesagt: ›Nicht wahr, mein lieber Churfürst, Sie nehmen mir diese wohlgemeinte, gute Lehre nicht übel? Ich bin zehn Jahre älter als Sie und kann also wohl etwas sagen. Wir wollen uns beide bestreben, unsere guten Vorsätze in die Ausübung zu bringen.‹ Der Oberhofmeister von Forell und der Kammerherr von Burgsdorf sind im Zimmer gewesen und haben diesen charmanten discours mit angehört. Denselben Abend ist der Kayser zweimal vor unserem Fenster vorbeigegangen; es war kein Mensch bei ihm als zwei von seinen Generals und Graf Wurmbrand. Er hatte sich stillschweigend, ehe man sich zur Tafel gesetzt, von Hof weggeschlichen, um die Stadt recht zu besehen. Über 1.000 Menschen waren um ihn herum und der Zulauf so stark, daß der Kayser öfters mußte stehen bleiben wegen der Menge Menschen, welche ihn umzingelte. Die Wache kam, um die Leute auseinander zu treiben, allein der Kayser verbot es, und die Soldaten mußten wieder weggehen. Über die ganze Brücke hat er müssen im Fahrweg gehen, so sehr ist er vom Volke gedrängt worden. –

Hier ist noch zu bemerken, daß jene zur Aufwartung detinirten vier Pagen von unserem liebenswürdigen Monarchen nicht acceptirt worden, sondern sich nachher nur in der Ferne aufgehalten und auf die Befehle gewartet. Hingegen hat unser Kron' und Scepter tragender Regenten-Spiegel sich mit der Bedienung zweier Churfürstlicher Laquayen begnüget und alle übrige sonst übliche ceremonien gänzlich verbeten. Als dieser freundliche Monarch in denen Gegenden von Freiberg die ehemaligen positionen derer arméen (Schlacht vom 29. Oktober 1762 bei Freiberg) sich weisen ließ, trat ein alter Bauer hinzu und explicirte (erklärte) diese Stellungen nach seiner Art. Der Feld-Marschall Graf Lascy wollte ihn zurücktreiben, der Kayser litt es aber nicht, sondern rufte den Alten leutselig herbei. Dieser ging beständig Höchstdemselben zur Seite, und der Kayser fuhr fort, mit ihm zu sprechen. Da es nun dem guten Bauer sehr schwer fiel, dem Pferde gleich zu gehen, so sagte er zum Kayser: ›Ich bin alt und kann nicht gut fortkommen; erlauben Ew. Majestät, daß ich mich an Ihrem Pferde anhalten darf?‹, welches dann der Kayser auf das gnädigste bewilligte. Beim Abschied wollte ihm derselbe einige Dukaten schenken; der Bauer nahm sie aber nicht an, sondern versicherte, er brauche es nicht und sei ihm Ehre genug, seinen Kayser gesprochen zu haben. Es heißt, Ihre Majestät wollte diesem edelmütigen Bauer eine pension machen, kurz: ›Der Kayser wird in Sachsen angebetet!‹«

i.e. – das sind
retour – Rückkehr
adorirt – verehrt
tractiren – behandeln
detinirten – bestimmten
ceremonien – Förmlichkeiten
explicirte – erklärte
officin – Trinkgelderkasse
entrevue – Zusammenkunft
visite – den Besuch

discours – Unterhaltung
acceptirt – angenommen
positionen – Stellungen
pension – Rente

Diebstahl mit orthografischem Fehler

August dem Starken folgte sein einzig legitimer Sohn auf den Königsthron in Polen und als Kurfürst von Sachsen. Friedrich August II. ging als kunstsinniger Regent in die Geschichte ein, der das politische Handeln seinen Ministern überließ und sich den Musen widmete. »Es ist ein ewiges Denkmal der Größe dieses Monarchen, daß zur Bildung des guten Geschmackes die größten Schätze aus Italien, und was sonst Vollkommenes in der Malerei in anderen Ländern hervorgebracht worden war, vor den Augen aller Welt aufgestellt sind. Die reinsten Quellen der Kunst sind geöffnet; glücklich ist, wer sie findet und schmecket. Diese Quellen suchen, heißt nach Athen reisen; und Dresden wird ein wahres Athen für Künstler«, meinte Johann Joachim Winckelmann (*1717; †1768). Friedrich August II. verantwortet neben dem Ankauf von Kunstschätzen den Bau der Katholischen Hofkirche, auch zur Vollendung der Frauenkirche gab er die Mittel. Er holte Canaletto, Giovanni Battista Casanova oder Anton Raphael Mengs an seinen Hof. Er erwarb Gemälde wie Rafaels »Sixtinische Madonna« und Correggios »Heilige Magdalena«. Diese »liegt, bis an die Brust in ein blaues Gewand gehüllt, nachdenkend auf der Erde; den lieblichen Kopf stützt ihr rechter Arm, im linken ruht ein aufgeschlagenes Buch, worin sie aufmerksam zu lesen scheint. Ihr blondes Haar wallt zum Theil über die Brust herab, zum Theil ist es mit dem Gewande bedeckt. Ein Salbengefäß steht neben ihr, den Hintergrund bilden Felsmassen, mit Gesträuchen bewachsen, durch welche ein kleiner Bach rieselt.«

Beim Anblick von Correggios Magdalena

Von Bäumen dicht und Felsen eingeschlossen
Ruht Magdalena auf dem moos'gen Grunde,
Waldeinsamkeit heilt ihres Herzens Wunde
Und trocknet Thränen, die einst bitter flossen!
Wie weich der holde Leib dahin gegossen!
Es stützt die Hand das Haupt in süszem Bunde,
Ein Lächeln spielt auf ihrem schönen Munde
Mit heil'gem Ernst – wie liebliche Genossen.
Sie liest und liest – die Worte ew'gen Lebens,
Tief ruht das Aug' in seines Lides Hülle
In goldner Wimper Schatten – und vergebens
Ersehnst du dir nur eines Blickes Fülle! –
Säh sie empor, so ungeahnter Weise –
Ein Blick – ein Blitz vielleicht – »Halt ein! Sprich leise!«

Antonio Allegri (*1489; †1534), genannt nach seinem Geburtsort Correggio, ist einer der bekanntesten und eigen-
willigsten der Renaissance. Anzunehmen ist, dass er sich an
den Werken Michelangelos, da Vincis und Raffaels schulte.
»Um 1518 fand er zu seinem eigenen Stil, der hingebende
Ausdrücke mit fast barock wirkenden, lebhaften Bewegungen verbindet.« Seine Urheberschaft des Dresdner Bildes der
»Heiligen Magdalena« ist umstritten. Das ihm zugeschrie-
bene Gemälde »zählte schon im 17. Jahrhundert zu den berühmtesten Werken der herzoglichen Galerie in Modena.
Als es von dort 1745/46 für Dresden angekauft wurde, hing
es zunächst in den Privatgemächern von Friedrich August
II. Nach seinem Tod 1763 wurde es in der Gemäldegalerie
platziert, wo es bis weit in das 19. Jahrhundert hinein zu den
berühmtesten Bildern gehörte.«
1747 zog die öffentliche Bildersammlung der sächsischen
Kurfürsten in den zum Johanneum umgebauten alten Stall-

hof. Bis zum Bau der Sempergalerie 1855 zeigte man hier die Gemäldesammlung, auch Correggios »Heilige Magdalena«. Museen locken mitunter Diebe: »Am Morgen des 22. Oktobers 1788 wurde die Bevölkerung von Dresden mit der Nachricht überrascht«, dass drei wertvolle Gemälde von »kecker, diebischer Hand entwendet worden seien«. In jener Nacht kletterte ein Dieb »über eine vor der Freitreppe der Galerie stehende Klempnerbude und gelangte so oben auf die Treppe. Hier schnitt er mit einer starken Schere das Drahtgitter in der mit Fenstern versehenen Flügeltür durch, brach sodann einige Leisten ab und nahm eine Glasscheibe heraus. Das Geräusch, welches hierdurch entstand, wurde nicht gehört, weil die Nacht stürmisch und regnerisch war. Der Dieb kroch durch die von ihm gemachte Öffnung in den Saal und nahm zunächst die ›Heilige Magdalena‹ von Correggio, deren kostbarer Rahmen ihn anlockte, an sich; ferner entwendete er aus der äußeren Galerie das bekannte ›Urteil des Paris‹ von Adriaen van der Werff (*1659; †1722) und aus demselben Zimmer noch ein Bild von Christian Seybold (*1695; †1768), einen alten männlichen Kopf darstellend. Mit diesen Schätzen beladen«, konnte der Dieb unbemerkt fliehen.

Profit aus diesen Kunstwerken zu schlagen, erwies sich als undurchführbar, denn bei solchen Schätzen war klar, dass es sich um Diebesgut handeln musste. Auch hatte die Polizei tausend Dukaten Belohnung ausgesetzt, zahlbar an den, der die Bilder wiederzubeschaffen wusste. Zumindest an dieses Geld wollte der Dieb kommen und »ersann deshalb folgenden Plan. Er legte die beiden minder kostbaren Bilder nebst einem Billett von seiner Hand eines Abends an die katholische Kirche. In dem Billett bestimmte er Ort und Zeit, wo man die 1.000 Dukaten gegen die Magdalena abliefern sollte. Die Übergabe schlug fehl. Die kurfürstliche Polizeikommission hatte man 1765 gegründet, doch schien der Kriminalfall ohne jegliche Spur. Aber einem Schreiber aus dem Büro für Finanzen war ein orthografischer Fehler ins Auge gefallen: Kurfürst hatte der Anonymus beharrlich Kurvürst geschrieben. Und diesem Fehler war der Beamte bereits einmal begegnet: Der königliche Farbenhändler namens Johann Georg Worhatz hatte seine Rechnungen gleich falsch geschrieben. Worhatz wurde verhaftet, und in seinem Hause fand man die geraubte Magdalena an der Feueresse unter den Dielen. Der Täter gestand, und nicht nur diesen einen Raubzug durch die kurfürstlichen Gemächer.«

Johann Georg Worhatz wurde als Sohn eines Soldaten 1750 zu Dresden geboren, war als Schuster in Braunschweig gut im Geschäft, kehrte aber nach Dresden zurück und baute Färberkrapp an, einen Farbstoff, den er gewinnbringend bis hin in den kurfürstlichen Haushalt verkaufte. Doch spekulierte Worhatz und verlor, um die Verluste auszugleichen, begann er zu stehlen und brachte es im Diebeshandwerk schnell zur Meisterschaft. Im April 1783 entwendete er »aus dem kurfürstlichen Palais zu Uebigau verschiedene wertvolle Mobilien«. Im Oktober selbigen Jahres nahm er aus der Kunstkammer Dresden »mehrere silberne und vergoldete Statuen« an sich. Am 29. Oktober 1786 »öffnete er die Kunstkammer im Zwinger zum dritten Mal mit großer Gewalt und entwendete zwei silberne Gießbecken nebst den dazugehörigen Kannen. Er schmolz sie zu 69 Mark Silber ein und verkaufte das Silber für 900 Taler. In dem folgenden Jahre brach er in der Nacht vom 3. Januar in das kurfürstliche Schloß zu Moritzburg ein, schnitt von den Betten und Stühlen die goldenen Tressen ab und nahm außerdem die Bettdecken und Vorhänge von Taffet und eine wertvolle Schlag- und Repetieruhr mit. Am 17. November desselben Jahres stieg er in die katholische Kirche zu Dresden ein, schnitt vom Hochaltare, soweit seine Hand reichen konnte, die rotsammtene Rückwand nebst den goldenen Tressen ab und entwendete aus der

Kapelle des heiligen Nepomuk den Vorhang und vier große metallene Leuchter. Im Oktober 1788 verübte Worhatz wieder einen beträchtlichen Diebstahl an Gold und Pretiosen in der Wohnung des Amtshauptmannes von Watzdorf in Neustadt-Dresden.« Dann folgte der Bilderdiebstahl im Johanneum und die Entlarvung durch Rechtschreibregeln.

Correggios »Heilige Magdalena« zierte wieder die Wände der Dresdner Gemäldegalerie. »1880 stufte das Bild Giovanni Morelli nur als Kopie nach Correggio ein, was in der Forschung aus der zweiten Hälfte des 20. Jahrhunderts kritisch hinterfragt wurde. Eine genauere Klärung der Zuschreibungsfrage lässt sich jedoch nicht vornehmen, da das Werk seit 1945 vermisst wird.«

ⓘ Johanneum (Verkehrsmuseum): Augustusstraße 1, 01067 Dresden
　Gemäldegalerie: Theaterplatz 1, 01067 Dresden

Der König gibt den Degen ab

Sein Name laut Geburtsregister: Joseph Maria Anton Johann Nepomuk Aloys Xaver. Als Kurfürst nannte er sich Friedrich August III. (*1750; †1827), später versah ihn die Gesellschaft mit dem Beiwort »der Gerechte«. Im Alter von 13 Jahren war der Junge nominell zur Macht gekommen, sein Vater, Kurfürst Friedrich Christian (*1722; †1763), war nach nur 74 Tagen der Regentschaft durch die Blattern heimgegangen. Mutter und Onkel vertraten für den noch Minderjährigen die Geschäfte und die Politik. Reformen taten Not, Sachsen lag nach dem Siebenjährigen Krieg darnieder, es galt, das schwer zerstörte Land wiederaufzubauen und finanziell zu konsolidieren. Mit seinem 18. Geburtstag wurde Friedrich August III. offiziell Staatsoberhaupt. »Vor durchgreifenden Neuerungen scheute er allerdings zurück, da er der sächsischen Bevölkerung keine großen Umwälzungen zumuten und kein Misstrauen gegen die eigene Person erzeugen wollte.« Auf die Königskrone Polens hatte er zugunsten von Fürst Stanislaus II. August Poniatowski (*1732; †1798) verzichtet, doch sprach die geplante Erbfolge ihm die polnische Herrschaft zu. Friedrich August III. lehnte ab, fürchtete er doch, zwischen Österreich, Preußen und Russland zerrieben zu werden. Die Großmächte teilten alsbald Polen unter sich auf.

Die Französische Revolution mit ihren Ideen von »Freiheit, Gleichheit, Brüderlichkeit« ließ die Herrscher Europas fürchten. Zum Machterhalt unterzeichnete man im August 1791 die Pillnitzer Erklärung, in der sich Preußen und Österreich gegenseitigen Beistand versicherten. Der sächsische Kurfürst bot dafür zwar im Schloss zu Pillnitz Raum, doch trat er diesem Bündnis nicht bei. Im ausgebrochenen Koalitionskrieg stand Sachsen gegen Frankreich. Im danach erfolgten »Frieden von Campo Formio« 1797 strebte Sachsen keine Gebietserweiterungen an, doch veränderte der Vertrag die Machtverhältnisse im Heiligen Römischen Reich deutscher Nation. Im 1805 beginnenden dritten Koalitionskrieg schloss man denn doch eine Allianz mit Preußen, um »sich in eine solche Verfassung zu setzen, daß der Zweck der Sicherstellung eigener Lande erhalten werden könne«. Doch wollte Sachsen angesichts der Niederlage von Russland und Preußen in der Schlacht von Austerlitz seine Neutralität bewahren und trat weder Rheinbund noch norddeutschen Bündnissen bei. »Obwohl es also kein formelles Militärbündnis zwischen Sachsen und Preußen gab, herrschte dennoch ein grundsätzliches Einverständnis über ein gemeinsames Vorgehen, und so rückten am 22. September 1806 preußische Truppen auf kursächsisches Gebiet vor, um von dort den Franzosen auf kürzestem Weg entgegentreten zu können.« Zahlenmäßig überlegen, unterlag das geschlossene Militärbündnis bei Jena-Auerstedt den napoleonischen Truppen. Der Sieger stellte Sachsen als von Preußen »verführte Unschuld« dar, und Sachsen wechselte in die Allianz mit Frankreich. Später wird Friedrich August III. sagen: »Die Schlacht von Jena und ihre Folgen haben die preußische und sächsische Armee zerstört und Sachsen ohne Verteidigung gelassen. Die französische Armee und ihre Alliierten sind einmarschiert. Ohne Hoffnung auf Rettung und Hilfe sah sich der König gezwungen, die Friedensvorschläge anzuhören, die der Kaiser der Franzosen gemacht hat.«

Vier Tage nach Vertragsunterzeichnung erhob Napoleon Kurfürst Friedrich August III. am 20. Dezember 1806 zum ersten König Sachsens: Friedrich August I. Beim persönlichen Treffen der zwei Monarchen im Juli 1807 verleiht Napoleon dem Sachsenkönig auch die Würde als Herzog von Warschau und klemmt ihn im weiteren Verlaufe der Befreiungskriege politisch zwischen allen Mächten ein.

Die Schlacht bei Dresden im August 1813 kann Napoleon noch für sich entscheiden, doch tritt Österreich in deren Folge zu den Alliierten über, während Sachsen »nibelungentreu und unbeirrt« zu Kaiser Napoleon steht. Alle Armeen treffen im Oktober 1813 in der Völkerschlacht bei Leipzig aufeinander. Entgegen dem Rat, »er solle Napoleon nicht nach Leipzig folgen, sondern sich lieber auf die Feste Königstein begeben und dort die weiteren Ereignisse abwarten, reiste Friedrich August I. mit seiner Gemahlin und seiner Tochter dem Franzosenkaiser hinterher. Über die Motive für sein Handeln existieren keine Quellen, doch es ist wahrscheinlich, dass der König einerseits von Napoleon erheblichen Druck erfahren hat, denn der zunehmende Unmut innerhalb der sächsischen Truppen war Napoleon sicher nicht entgangen. Zudem mag Napoleon sich von der Präsenz des Landesherrn eine anspornende Wirkung auf die sächsischen Soldaten erhofft haben. Andererseits wurde Friedrich August I. sicherlich auch von seinem tief verwurzelten Pflichtgefühl geleitet, seinen Untertanen in der schweren Stunde einer wichtigen, wenn nicht sogar einer entscheidenden Schlacht beizustehen.« Im Ausgang unterliegen die französischen den alliierten Truppen. Der Kaiser flüchtet und lässt 30.000 seiner Soldaten in Gefangenschaft geraten. Sachsens König sitzt in einem Haus am Markt und bangt.

Die Befehlshaber der Alliierten ließen sich am Morgen des 19. Oktober auf dem »Monarchenhügel« bei Probsthaida vom Fortgang der Eroberung von Leipzig berichten. »Da sprengte ein österreichischer Rittmeister mit der Meldung heran, daß Napoleon soeben die Stadt verlassen habe, der König von Sachsen sich aber im Thomaeschen Hause (dem heutigen Königshause) noch befinde und auch daselbst noch bleiben werde. Ein unter der Suite weilender preußischer General sagte darauf so laut, daß es Fürst Schwarzenberg und die Monarchen hören konnten: ›Da muß man ihn gefangen nehmen‹, worauf sich Fürst Schwarzenberg mißmutig zu dem Sprecher umdrehte und ihm erwiderte: ›Hier habe ich als Oberfeldherr zu kommandiren und verbitte mir jede Bemerkung.‹« Dann wandte sich Fürst Schwarzenberg an Graf Schulenburg, einem Deutschen, der in österreichischen Diensten stand: »Lieber Schulenburg beeilen Sie sich, schnell das auszuführen, was ich Ihnen auftrage‹, und setzte, sich zu mir vorneigend, heimlich hinzu: ›ehe uns solch ein vermaledeiter Preuße zuvorkommt, denn Sie wissen, daß unsere Interessen komplizirt sind. Reiten Sie, so schnell wie möglich, nach Leipzig und suchen Sie vor den König von Sachsen zu kommen, und sagen Sie ihm, daß Sie ihm, daß Sie im Namen und Auftrage Sr. Majestät des Kaisers von Österreich von mir zu ihm gesendet worden sind, dem Könige zu sagen, daß sich derselbe als Gefangener anzusehen habe, und bringen Sie mir seinen Degen; ich erwarte Sie an dem Thore zu Leipzig.‹

In denkbar kurzer Zeit befand ich mich am Eingange der Stadt. Unsere Truppen hatten bereits die Straße, welche nach dem innern Thore führte, vom Feinde gereinigt; tausende von Menschen versperrten aber das innere Thor, und auf beiden Seiten der Promenade hörte ich noch stark schießen. Nach einigen Minuten war das Thor zur Grimmaischen Straße von den wenigen Feinden gesäubert, und ich ritt in dieselbe ein, wobei ich noch genötigt war, gegen einen auf mich anlegenden französischen Dragoner mich zu verteidigen. Durch das ungeheure Gedränge, welches in der Grimmaischen Gasse und auf dem Markte herrschte, mich langsam durcharbeitend, hielt ich endlich vor dem Hause des Königs, vor welchem eine Kompagnie sächsischer Garde-Grenadiere Wache stand. Der Kapitän derselben rief mir zu: ›Schulenburg, was machen Sie denn hier? Sie tragen ja österreichische Uniform!‹ Doch erkannte ich ihn in der Eile des Eintritts nicht. Den Eingang des Hauses fand ich vollgepfropft mit polnischen Offizieren, welche, als sie mich sahen, riefen: ›Wir wollen österreichische Gefangene sein, nehmen Sie unsre Degen und lassen Sie uns nicht in russische Gefangenschaft kommen.‹ Ich erwiderte: ›Meine Herren! Ich muß zum König von Sachsen, legen Sie Ihre Degen auf einen Haufen, Sie sind meine Gefangenen.‹

Als ich im ersten Stock in die Wohnung des Königs trat, fand ich alle Thüren weit geöffnet. In den Vorzimmern befanden sich, unter vielen sächsischen Offizieren und Hofbediensteten, wohl an zwanzig Damen, die teils zum Hofstaate gehören mochten, teils aber auch, ihrer Kleidung nach, Frauen aus der Stadt waren, die hier Schutz suchten. Den König fand ich in seinem Zimmer auf dem Sofa sitzend, ihm zur Rechten und Linken die Königin und die Prinzessin Auguste, beide in Thränen. Ich wandte mich sofort an den König mit folgenden Worten: ›Ew. Majestät! Als geborener Sachse beklage ich aufrichtig das Geschick, welches mich bestimmt hat, der Überbringer der Befehle der hohen verbündeten Monarchen zu sein. Im Auftrage Sr. Majestät des Kaisers von Österreich bin ich von dem Oberfeldherrn, dem Fürsten Schwarzenberg, zu Ew. Majestät gesandt, um zu erklären, daß Ew. Majestät sich als Gefangener anzusehen haben, und im Namen des Fürsten bitte ich um den Degen Ew. Majestät. Zur Ausführung dieses betrübenden Auftrages bin ich, ein geborener Sachse, erwählt, um Ew. Majestät die Kränkung zu ersparen, einen Russen oder Preußen sich zu ergeben.‹ Lange Zeit ließ mich der König auf Antwort warten. Endlich befahl er einem der Anwesenden, einen Degen zu holen, und als man denselben dem König gebracht, übergab er ihn mir, ohne ein Wort zu sprechen. Hierauf wandte er sich zur Königin, nahm sie bei der Hand und wollte sich mit ihr entfernen, als die Nachricht gebracht wurde, daß der Kaiser von

Rußland vor dem Hause zu Pferde halte. Sogleich wandte sich der König wieder um und ging nach der Treppe zu, dem Kaiser entgegen. Ich verbeugte mich ehrfurchtsvoll gegen die Königin und die Prinzessin Auguste und folgte Ew. Majestät, als auch schon die Nachricht zurückkam, daß der Kaiser Alexander sich wieder entfernt habe.« Nun widersprechen sich die Zeugen. Vielleicht hat Sachsens König Schulenburg und die Arrestierung durch die Österreicher nicht ernst genommen. »Schon am Nachmittage des 19. Oktober ließ ihn der Kaiser von Rußland durch den Geheimrat von Anstetten nochmals gefangen erklären, und am 23. Oktober wurde der König, zuerst mit Kosakeneskorte, dann mit preußischer Militärbegleitung, nach Berlin gebracht.«

Sachsen wurde russisches Gouvernement, kam später unter preußische Besatzung. Im Berliner Schlosse saß Sachsens königliche Familie mehr als ein halbes Jahr. Bei den Verhandlungen des Wiener Kongresses war der sächsische Regent nicht zugelassen und harrte der Verhandlungen vor verschlossenen Türen. Sachsen, so zunächst die Gerüchte, sollte aufhören, zu existieren. Wenn dies auch nicht geschah, so waren doch die Konsequenzen schwer erträglich: Mehr als die Hälfte sächsischen Territoriums geriet an Preußen, darunter die Städte Wettin, Torgau und Wittenberg, die Niederlausitz und die Oberlausitz wurden zerteilt. Das Herzogtum zu Warschau ward dem Zarenreiche zugeschlagen.

Friedrich August I. wurde erst nach anderthalb Jahren, im Februar 1815, aus der Haft entlassen. Am 7. Juni empfingen ihn seine Untertanen als »Pater Patriae« in Dresden begeistert. Die Sympathie für ihn war ungebrochen, rücksichtslos schienen dem Volke die Interessen der Siegermächte durchgesetzt. Sachsen »hatte mit erheblichen finanziellen Belastungen durch das Teilungsgeschäft zu kämpfen, erholte sich jedoch wirtschaftlich bald wieder«. Eine bedeutende politische Rolle spielte Sachsen nach 1815 in Deutschland nicht mehr; die glanzvollen Zeiten der sächsischen Kurfürsten als führende protestantische Macht in Deutschland waren vorbei. Ernst Rietschels Denkmal auf dem Dresdner Schlossplatz zeigt König Friedrich August als gebrochenen Mann. Der Graf Schulenburg übergebene Degen blieb verschwunden.

ⓘ Monarchenhügel: 04288 Leipzig-Probsthaida
Königshaus: Markt 17, 04109 Leipzig
Friedrich-August-Denkmal: Schlossplatz, 01067 Dresden
Friedrich-August-Säule: Keulenberg, 01896 Pulsnitz

Das Orakel der Elster

Da sprach das Orakel: »Einem Adler gehorchend, verfolgt ich der Adler drei, bis eine Elster zuletzt mich in den Lethe getaucht.« Und in der Elster verschwand der polnische Prinz Józef Antoni Poniatowski (*1763; †1813). »Mehrere Tage hatte man nach seinem Leichnam gesucht. Erst am 24. Oktober 1813, nachmittags gegen 4 Uhr, fanden die mit der Nachsuchung betrauten Fischmeister, im Wasser am Richterschen Garten, eine männliche Leiche in französischer Generaluniform, welche von fünf polnischen Generalen und einem Major als die des Fürsten Poniatowski erkannt und gerichtlich festgestellt wurde. Epauletts, Uhr und Geld des Fürsten hatten die Fischer auf dem Rathause abgeliefert. Fürst Poniatowski hatte schwarzgraues Haar und Bart, der vordere Teil des Kopfes war aber ziemlich kahl. Sein Gesicht zeigte noch immer, obgleich er schon lange im Wasser gelegen hatte, daß er früher ein schöner Mann gewesen sei. Der Leichnam wurde zuerst in Meißners Stube, dann aber in einem Gewölbe des Rathauses am Naschmarkte aufgebahrt. Von hier aus erfolgte die Überführung nach der Ratsgruft.« Später wird Poniatowskis Leichnam nach Polen gebracht und im Krakauer Wawel beigesetzt. Einige der Reliquien, die man bei dem Toten fand, bewahrt das Stadtmuseum Leipzig. Deutsch-polnische Geschichte: Am 17. Juni 1696 war Polens amtierender König Johann III. Sobieski (*1629; †1696) verstorben, und da Polen eine Monarchie durch Wahl hatte, ergriff August der Starke die Chance, diese Krone sein zu nennen. Es gelang. Auch seine Thronfolger in Sachsen regierten das Nachbarland mit. Doch war der polnische Staat stets Zankapfel der europäischen Großmächte, die ihn zerrieben, die ihn teilten und ihm seine Selbständigkeit nahmen. Zarin Katharina die Große (*1729; †1796) setzte alle

Macht und Einfluss ein, ihren Geliebten, Fürst Stanislaus II. August Poniatowski (*1732; †1798) auf den Thron zu heben, den die Sachsen innehatten. Den Konflikt entschärfte der Vormund des sächsischen Regenten, Prinz Franz Xaver (*1730; †1806), indem er im Namen seines Mündels, Friedrich August III. (*1750; †1827), auf die polnische Krone verzichtete.

Stanislaus II. August Poniatowski wurde am 7. September 1764 zum König von Polen gewählt. Er regierte nach Maßstäben der Aufklärung und versuchte, den zerrissenen Staat zu einen. Das veränderte Verhältnis der europäischen Großmächte führte 1772 zur ersten polnischen Teilung, doch versuchte Poniatowski, Polens Unabhängigkeit wieder zu erringen. Seine Verfassung vom 3. Mai 1791 war die erste moderne Verfassung europäischer Staaten. Nach den Maßgaben der französischen Revolution bekamen Bürger Rechte, und Polen wurde zur konstitutionellen Monarchie. Doch kam es infolge dieser Reformen zum polnisch-russischen Krieg und 1793 zur zweiten Teilung Polens. 1795 dankte Stanislaus II. August Poniatowski ab. Es folgte eine dritte Teilung des Landes. Zar Paul I. (*1754; †1801) berief ihn nach St. Petersburg, wo Poniatowski 1798 starb. Doch war nicht der Traum vom Königreich Polen mit ihm vergangen. Nach Erbfolge wäre jetzt sein Neffe Józef Antoni Poniatowski auf den Thron gelangt.

Józef Antoni Poniatowski war im Palais Kinsky in Wien geboren, seiner Mutter sagt man verwandtschaftliche Beziehungen zum Helden der Völkerschlacht, Karl Philipp Fürst zu Schwarzenberg (*1771; †1820), nach. 1790 hatte ihn der Onkel und Polens König nach Warschau befohlen, um ihn mit dem Hofleben vertraut zu machen. Zunächst aber trat der junge Poniatowski in die kaiserliche Armee Österreichs ein und avancierte zum Kriegshelden. Im russisch-polnischen Krieg von 1792 führte er Polens Heer als dessen Oberbefehlshaber und gewann die Schlacht bei Zielence. Nach verlorenem Krieg und zweiter Teilung Polens war er Privatier, kehrte jedoch zum Aufstand unter General Tadeusz Kościuszko (*1746; †1817) nach Polen zurück. Er baute nach der Niederlage Preußens mit am neuen polnischen Staatswesen und war unter dem von Napoleon ernannten Herzog von Warschau, das ist Sachsenkönig Friedrich August I., Kriegsminister. In solcher Funktion nahm er am Russlandfeldzug, an den Schlachten von Smolensk und Borodino und an der Völkerschlacht zu Leipzig teil. Hier bildeten seine Truppen den rechten Flügel im Südosten. Am 16. Oktober ernannte Kaiser Napoleon Józef Antoni Poniatowski zum Marschall von Frankreich.

»Der große Befreiungskampf auf den blutgetränkten Fluren Leipzigs war geschlagen. Am 19. Oktober befand sich das französische Heer in wilder Flucht, Kaiser Napoleon selbst gelangte nach vielem Hin- und Herirren durch das Naundörfchen auf den Ranstädter Steinweg und eilte nun, mit einer gerade vorwärts flutenden Menschenmenge über die Brücke zu kommen, die den breiten und tiefen Elsterarm hier zum Tore hinausführte. Kaum war er aber auf den Lindenauer Damm gekommen, als um ¾1 Uhr die Brücke mit furchtbarem Krach in die Luft flog – damit war den vorwärts stürmenden Flüchtlingen des Napoleonischen Heeres, denen die eiserne Faust ihrer Verfolger schon auf dem Nacken saß, die letzte Tür zum Entkommen geschlossen. Starres Entsetzen bemächtigte sich der fortdrängenden Haufen, als der Kernbau aus seinen Fugen wich, in krachendem Niedersturz gräßliche Verheerung weithin verbreitend. – Der Schreck lähmt die Glieder; weder an Fortkommen noch an Gegenwehr ist zu denken. Schon zischen Flintenkugeln durch die Straße, schon fallen Kanonenschüsse in den Vorstädten, schon jagen die russischen Reiter durch die Stadt. Was bleibt der verschlagenen Schar am Wasser anders übrig, als das Gewehr zu strecken oder sich verzweifelnd in die Wellen zu stürzen!

Aber die Schwerter und Kugeln treffen auch die Schwimmer, und viele von ihnen müssen die Verachtung der Gnade des Siegers mit doppelter Todespein büßen. Zu diesen gehörte auch der Marschall Fürst von Poniatowski. Poniatowski hatte schließlich die Verteidigungen im Süden der Stadt geschickt geleitet, am 16., 17., 18. Oktober das 8. Französische Armeekorps kommandiert, heldenmütig Dölitz, Lößnig und den Pleißenübergang bei Connewitz verteidigt, vormittags noch tapfer bei der Pleißenburg an der Spitze seiner Polen gefochten und sich dann mit Jaques MacDonald (*1765; †1840) an der Promenade nach dem Ranstädter Steinweg hin zurückziehen müssen. Aber auch von Norden her drangen die Verbündeten jetzt heran, und so blieb ihm nichts weiter übrig, als der Versuch, durch die Gärten links von der Pleiße Lindenau zu gewinnen. Nur wenige Polen umgaben ihn. MacDonald entkam glücklich den Verfolgern; der kräftige, lange Schotte riß seine Marschalluniform und alle seine Kleider herunter, sprang ins Wasser und schwamm über die Elster, kroch am anderen Ufer hinauf und lief querfeldein. Er war so glücklich, einige Soldaten von seinem eigenen Korps zu treffen, und sofort übernahm er das Kommando, splitternackt, wie er war. Er sollte den Rückzug decken. Dem polnischen Prinzen war ein härteres Los verhängt. Als er vernahm, daß die verbündeten Truppen von allen Seiten herandrängten, zog er seinen Degen und sagte zu den Offizieren seines Gefolges: ›Meine Herren, es ist besser, mit Ehren zu fallen, als sich dem Feinde zu ergeben!‹ Mit diesen Worten sprengte er fort und bahnte sich einen Weg durch die Russen, wobei er eine Schußwunde durch den Arm erhielt. Nun sprang er mit seinem Pferde in die Pleiße, kam auch mit Hilfe der Offiziere seines Stabes durch den Fluß und ritt, die russischen Scharfschützen an der Elster gewahrend, durch den zwischen beiden Gewässern gelegten Richterschen Garten. Nirgends will sich ihm eine Brücke zeigen, die ihn über die Elster führt. Die Augenblicke sind kostbar. Seine prachtvolle Kleidung, seine Orden machten ihn zur Zielscheibe seiner nachsetzenden Feinde. Zwar sind die Ufer steil und sumpfig, der Fluß schlammig und hochangeschwollen, aber die Breite scheint gering, der bewährte Reiter wagt den kühnen Sprung und – findet sein Grab in den Wellen. Das Pferd schlägt im Wasser mit ihm über, den zweimal Verwundeten, den dreifacher Todesgefahr Entronnenen verläßt die Kraft, und Roß und Reiter kommen nicht wieder zum Vorschein.« Wahr ist der Orakel-Spruch geworden.

ⓘ Poniatowski-Denkmal: Gottschedstraße, 04109 Leipzig
Brückensprengungsdenkmal: Ranstädter Steinweg, 04109 Leipzig
Stadtmuseum Leipzig im Alten Rathaus: Markt 1, 04109 Leipzig

Die Zwillinge

Die Königin Maria Anna von Sachsen (*1805; †1877) zeichnete sich eben so wie ihr Gemahl, König Friedrich August II. (*1797; †1854), durch leutseliges Verhalten aus. Die hohen Herrschaften unternahmen von ihrem in Wachwitz bei Dresden gelegenen Sommersitze (allgemein unter dem Namen »Königs Weinberg« bekannt) öfters kleine Ausflüge in die Umgebung und kamen dann und wann zu Fuß den Loschwitzer Grund herunter, während die Equipage und die betressten Diener sich in der gehörigen Entfernung hinterdrein hielten.

Steht da einmal mitten auf dem Fahrwege ein Kinderwagen mit zwei pausbäckigen, blondhaarigen Insassen, und ehe die Wärterin, ein etwa achtjähriges Mädchen auf die Seite lenken kann, ist die Königin – welche die Kinder überaus liebte, obwohl ihr selbst keine beschert waren – herangetreten, streichelt den Kleinen die Wangen und ruft entzückt aus: »Ach, die reizenden Kinderchen! Das sind wohl gar Zwillinge?«

»Ja!«, antwortet schüchtern die Pflegerin, die vor Verlegenheit purpurrot im Gesicht geworden war; denn sie wusste gar wohl, dass die »Frau Kingen« vor ihr stand.

»Und wie heißen denn die niedlichen Kleinen?«, fragte die hohe Dame weiter.

»Das hie is 'n Schuster Michel seine Moarie, und die hie is Böttchers Christel!«

»Siehst du, so kommt's, wenn man die Leute dupiert!«, bemerkte der König, und dann setzten sie beide lachend ihren Weg fort.

ⓘ Wachwitzer Weinberg: Josef-Herrmann-Straße, 01326 Dresden

Mit der Karre im Dreck

Seit Jahresbeginn 1848 herrschte in fast allen Staaten Deutschlands die Revolution. Die nationale Einheit Deutschlands war beschworenes Ziel. Die Zensur von Presse und Literatur musste fallen, die persönliche Meinungsäußerung keiner Bestrafung unterliegen und Vereinsgründungen ohne Restriktionen möglich sein. In der Frankfurter Paulskirche trat eine Nationalversammlung zusammen, die den Forderungskatalog zusammenstellte und eine deutsche Staatsverfassung diskutierte. Natürlich mochten solche Änderungen den angestammten Herrscherhäusern nicht gefallen – ihre Privilegien und Macht würden beschränkt, die Gesellschaft würde sich grundlegend wandeln. In Sachsen regierte dieser Zeit der allseits beliebte König Friedrich August II. (*1797; †1854). Er stand in den Befreiungskriegen an der Seite seines Onkels Friedrich August I. (*1750; †1827) und nahm als Generalmajor an den napoleonischen Kriegen und dem Wiener Kongress teil. Nach dem Tod von Friedrich August I. hatte dessen Bruder Anton (*1755; †1836) die Regentschaft inne. Doch auf den Königsstuhl gekommen, im Alter von 71 Jahren, ohne Erfahrung und ohne Ambition, fielen dem die Staatsgeschäfte schwer, so dass Anton einwilligte, mit seinem talentierten Neffen Friedrich August II. die Macht zu teilen. Vielseitig, vor allem botanisch interessiert, erforschte er neben Militärdienst und Politik die Natur und veröffentlichte als Mitverfasser: Flora Marienbadensis oder Pflanzen und Gebirgsarten, gesammelt und beschrieben von dem Prinzen Friedrich August, Mitregenten von Sachsen, und von J. W. v. Goethe. 1836 starb der alte König; Friedrich August II. wurde alleiniger Regent und nahm dringende Reformen in Angriff: zum Beispiel eine neue Strafgesetzgebung, die Überarbeitung der

Gewerbe-, Armen- und Gemeindeordnung. Kommunale Verwaltungen wurden selbständiger. Jedoch erwuchsen durch fortschreitende Industrialisierung, Verstädterung und verstärkten Handel den Ländern neue Herausforderungen. Die Verelendung wuchs, Slums entstanden und Hungersnöte. Die Zersplitterung Deutschlands erschwerte politisches Handeln.

Von Paris ausgehend, erschütterten seit Februar 1848 revolutionäre Unruhen Europa. Aufstände in Sachsen wurden mit preußischer Unterstützung blutig niedergeschlagen, Minister gewechselt, doch war die gesellschaftliche Ruhe nicht zu erzwingen. Die am 28. März 1849 von der Nationalversammlung in der Frankfurter Paulskirche verabschiedete neue Reichsverfassung erkannte Sachsen nicht an, und diese Ablehnung führte zum Dresdner Maiaufstand. Der König floh, um sein Leben fürchtend, hinter die dicken Mauern der Festung Königstein und rief erneut die Preußen um Hilfe. Die Armee stellte Kanonen auf den Schlossplatz in der Residenz und feuerte. Die Barrikaden brannten. Das Zeughaus als Waffenarsenal wurde gestürmt, der Landtag besetzt. Prominente, wie Gottfried Semper, Richard Wagner und Samuel Tzschirner, bezogen Stellung, wurden zu Staatsfeinden erklärt und flohen. August Röckel und Michail Bakunin kamen in die Verließe des Königsteins. Von bis zu 250 Toten und 500 Verletzten sprechen Chronisten. Nach der Restauration bleibt des Volkes Sympathie für den König erstaunlich ungebrochen, und der geliebte König setzt die Regierungsgeschäfte fort. Krankheit und Depressionen erschweren ihm bald Amtsausübung und pflanzenkundliches Hobby, mehr und mehr zieht sich Friedrich August II. aus der Öffentlichkeit zurück. Ausgedehnte Reisen bringen Linderung und andere Gedanken.

Im Sommer 1854 reist Friedrich August nach Tirol: »Der Sachsenkönig war von Kühtal über Ochsengarten kommend um 10 Uhr abends in Silz abgestiegen, um zu nächtigen. Am nächsten Morgen, es war der 9. August, fuhr Friedrich August in Begleitung seines Adjutanten und des Kammerlakaien um 7 Uhr mit der Extrapost von Silz weiter und kam gegen 9 Uhr nach Imst. Der König beabsichtigte, über das Pitztal und den Piller nach Prutz zu reisen. Zum königlichen Leibwagen wurden beim Postamt Imst die nötigen Pferde aus dem Stall in Brennbichl angefordert. Der Postexpeditor machte ausdrücklich darauf aufmerksam, daß der Leibwagen des Königs wegen seiner Breite und Länge, dann wegen der schmalen Fahrbahn und der vielen Windungen nicht benützt werden könne.

Es wurde ein passendes Einspännerwagerl ausgesucht, wie sie in der Gegend häufig gebraucht wurden, sehr kurz und die Vorderräder sehr nieder. Außer dem Kutscher hatten nur drei Personen Platz, wovon eine neben dem Kutscher sitzen musste. Um beim Abwärtsfahren leichter anhalten zu können, wurden zwei Postpferde angespannt. Die beiden Pferde waren lichtbraune Wallachen von acht Jahren und gut zusammengewöhnt. Man hat nach dem Unfall durch alle möglichen Versuche festgestellt, daß sie weder durch Angreifen noch durch Kitzeln zum Ausschlagen veranlaßt werden konnten. Und doch ist ein Pferd am Tod des Königs schuld. Als das Fuhrwerk außerhalb Brennbichls am Hohlweg zur heutigen Königskirche zu einer Stelle kam, wo es steil abwärts ging, stieg der Postillion vom Bock und legte unter das linke Hinterrad den Radschuh ein. Von da ab führte er die Pferde ganz langsam am Zaum. Er war aber, wie er nachträglich angab, der Überzeugung, daß es besser gewesen wäre, wenn noch eine Person ausgestiegen wäre, getraute sich aber das so hohen Herrschaften nicht zuzumuten. Bei einer Wendung nach rechts geriet das eine Vorderrad so weit unter den Wagen, daß der Wagen zu schwanken begann. Darüber beunruhigt, erhob sich der König und rief: ›Halt!‹ Dadurch kam der Wagen erst recht aus dem Gleichgewicht. Kammerlakai und König stürzten infolge des jähen Stillstandes nach vorne unter die Pferde. Dadurch erschreckt, schlug das rechte Pferd nach hinten aus. Der König wurde von einem Huf hinter dem linken Ohr getroffen. König August von Sachsen wurde zum Gasthof Neuner gebracht, wo er eine halbe Stunde später verstarb.«

Sachsen ist erschüttert und trauert: »Am 15. August 1854 abends ist die Leiche des Königs von Sachsen in Dresden eingetroffen und feierlich vom Bahnhofe nach der katholischen Kirche übergeführt worden, wo sie einen Tag lang öffentlich ausgestellt und dann beigesetzt wurde.« Am Unglücksort ließ Königin Maria (*1805; †1877) eine Kapelle errichten, in der auch Familienmitglieder bestattet wurden. »Diese einfache neugotische Kapelle mit der von der Königin Marie so feinfühlig ausgedachten und durch alle beteiligten Künstler und Handwerker so beziehungsreich und ansprechend geschaffenen Ausstattung zeugt von den Verinnerlichungsbestrebungen des 19. Jh., die hier einen Zusammenklang von bewährter Überlieferung der Tiroler Bildhauerschule und Neubeginn durch Wiedererweckung von Elementen aus dem hohen Mittelalter ergeben. Die Begräbnisstätte des Hauses Wettin verleiht diesem Ort noch dazu eine historische Verbindung von Tradition und Gegenwart.« Im Gasthof Neuner kann man auf Nachfrage Friedrich Augusts Sterbezimmer betreten.

ⓘ Grab in der Katholischen Hofkirche: Schloßstraße 24, 01067 Dresden
Standbild von Ernst Hähnel: Neumarkt, 01067 Dresden
Friedrich-August-Turm auf dem Rochlitzer Berg: 09306 Rochlitz
Friedrich-August-Turm auf dem Löbauer Berg: 02708 Löbau
Königskapelle: 6463 Karrösten, Österreich
Gasthof Neuner: Brennbichl 101, 6460 Karrösten, Österreich
Zeughaus (Albertinum): Tzschirnerplatz 2, 01067 Dresden

Im Residenzschloss gerömert

Zu den Vorzügen, welche Dresden vor allen Städten unseres Vaterlandes besitzt, gehört nicht nur die Schönheit seiner Lage und der Reichtum seiner Kunstschätze, sondern auch die Auszeichnung, daß es schon seit Jahrhunderten die Residenz des Wettiner Fürstenhauses ist.« Der Erste, der dauernden Aufenthalt in Dresden genommen hat, ist Heinrich der Erlauchte (*1215; †1288). Der »anfangs aufm festen Schloße Tharandt hernach, da es zu seinem Staat zu enge wurde, zu Seuselitz an der Elbe Hoff hielte, aber solch Haus im Jahre 1268 zu einem Jungfer Closter St. Claren Ordens gab und dafür alhier zu Dresden das Schloß bauete«. Dieses wird 1285 zum ersten Male urkundlich erwähnt und diente dem Markgrafen vierzehn Jahre lang als Aufenthaltsorte. »Über die Lage und Beschaffenheit dieses ersten Schlosses wissen wir nichts, und wenn auch einzelne Chroniken behaupten, daß jener Bau zwischen der Großen Brüdergasse und dem Taschenberge gestanden habe, so ist dies nichts weiter als eine bloße Vermutung, die nach keiner Seite hin bewiesen werden kann. Ebenso wenig vermag man zu sagen, wie lange dieses Markgrafenschloß in Benutzung geblieben ist. Wahrscheinlich hat auch Heinrichs des Erlauchten dritter Sohn, Friedrich der Gebissene (*1257; †1323), dem das Dresdner Gebiet von seinem Vater überwiesen worden war, in dem erwähnten Fürstenbaue gewohnt. Dagegen wissen wir von den nachfolgenden Wettinern, daß sie zwar zum Teil in Dresden, ebenso häufig aber auch in Meißen, Leipzig und Torgau residiert haben.«

Und doch ist zu einer nicht mehr festzustellenden Zeit ein Schlossgebäude in Dresden entstanden, »welches man als älteste genauer bekannte Anlage ansehen darf, dasselbe hat auf dem Gebiete gestanden, welches sich jetzt zwischen dem Georgentor und dem Schloßturm ausbreitet. An diesen Schloßbau fügte wahrscheinlich Markgraf Wilhelm der Einäugige (*1343; †1407) vielleicht zu Anfang des 15. Jahrhunderts den Flügel an, welcher nach der Schloßstraße zu lag. Einige Jahrzehnte später entstand ein neuer Schloßteil, der sich vom Schloßturme aus südwärts zog und somit den Westflügel bildete. In diesem Schlosse residierten die beiden Fürstenbrüder Ernst (*1441; †1486) und Albrecht (*1443; †1500) während ihrer gemeinsamen Regierung. Leider gerieten sie später in ernstliche Zwistigkeiten, so daß am 26. August 1485 in Leipzig die bekannte Hauptteilung ihrer Erblande erfolgte. Da bei derselben Albrecht, der jüngere Bruder, die Mark Meißen erwählte und somit der Kurkreis samt Thüringen dem älteren Ernst verblieb, kehrte Ersterer nach Dresden zurück. Von nun an diente das hiesige Schloß ihm und allen seinen Nachfolgern zum ständigen Wohnorte.«

Als seinen Verbündeten hatte Napoleon 1806 Sachsen zum Königreich erhoben. Als Erster trug die Krone Friedrich August der Gerechte (*1750; †1827). 1844 hatte die Königswürde Friedrich August II. (*1797; †1854) innen. Er vermied in seinen letzten Lebensjahren den öffentlichen Auftritt, zog sich ins Private zurück. Man sprach von der »Gemütskrankheit«, was heute als Depression bezeichnet wird. »Die Betroffenen empfinden eine quälende innere Herabgestimmtheit, Leere, Hoffnungs- und Antriebslosigkeit und Angst.« Ein Symptom der Krankheit: Furcht vor Dieben. Allgemein bekannt war, dass der König größere Summen baren Geldes an verschiedenen Orten im Schloss aufbewahrte, unbekannt allein die Stellen, wo genau es lag. »Eigentlich wussten nur die darüber zu berichten, die die Schlafgemächer des Königs betreten durften: Familienmitglieder, die nächsten Ratgeber, Diener und Leibwachen.« Und nun das

Erschrecken: Aus den gut abgeschirmten herrschaftlichen Privatgemächern verschwanden aus einer Schatulle mehr als 26.000 Taler. Die Ermittler sprachen sogleich von Diebstahl, denn das Behältnis war gewaltsam erbrochen. Doch nicht nur das: Darinnen stanken vor sich hin Exkremente.

Der Kreis der Verdächtigen war nicht sehr groß, die Gemächer waren am Tage nicht bewohnt, denn »der König weilte zur Tatzeit in seinem geliebten Pillnitz. Trotzdem konnte kein Außenstehender, kein Unbekannter, an den Wachen vorbei. Zwanzig Mann von ihnen waren im Trabantenhaus stationiert. Dieses Trabantenhaus aber lag unmittelbar vor dem Appartement des Königs. Niemand konnte von der Straße aus in die königlichen Gemächer gelangen, ohne den Trabantensaal zu passieren. Die umständlichen Untersuchungen brachten die Gerichtsleute keinen Schritt weiter. So erwogen sie noch einmal die Möglichkeit des Eindringens durch einen Unbekannten. Zu diesem Zweck befassten sie sich eingehend mit den Wachleuten. Vielleicht hatte der Dieb unter ihnen Verbündete?« Sie wurden befragt, keiner der Leibgardisten konnte sachdienliche Hinweise geben. Verblieb nur die Spur der hinterlassenen Scheiße.

Hofapotheker Dr. Ficius hatte das Hinterlassene untersucht und darin ungewöhnliche Delikatessen erkannt: französische Zuckerschoten und Gräten von Sardinen. Dies kannten nur wenige im Königreich Sachsen, noch weniger konnten dieses sich leisten. Auch die Händler, die solche Spezialitäten verkauften, waren nicht viele. Sie wurden befragt und scheuten, ihre honorable Käuferschaft zu denunzieren. Der Südfrucht- und Delikatessenhändler von der nahen Schlossstraße, Giuseppe Longo, erinnerte sich, dass einer der Offiziere vom Schloss am im Frage stehenden Tag bei ihm französische Schoten, Sardinen und ein Glas Madeira bestellt hatte. Sein Name war schnell ermittelt: von Römer, hieß der Mann, seines Zeichens Major. Er war hoch verschuldet. Die Gläubiger forderten ihr Geld zurück und hätten gedroht. Er habe um Leib und Leben gefürchtet, gab von Römer zu Protokoll. So sei diese Tat die einzige Möglichkeit gewesen, aus der Misere herauszukommen, denn »seine Einkünfte reichten nicht aus, den Lebensstandart zu halten, und auf Beförderung sei keine Aussicht gewesen«. Die Dresdner erwarteten mit Spannung die Urteilsverkündung. Der König könnte die Strafe mildern, denn der Dieb war seinesgleichen von Adel. Aber Friedrich August verzichtete auf die Gnade. »Major von Römer wurde mit dem Verlust seines Titels bestraft. Man strich ihn aus den Offiziers- und Militärlisten. Außerdem mußte er eine zehnjährige Zuchthausstrafe in Waldheim verbüßen. Bei den Dresdnern aber mußte dieser Kriminalfall einen derartigen Eindruck hinterlassen haben, daß bis zum Beginn unseres Jahrhunderts ein Einbruchsdieb mit der Redewendung bedacht wurde: Er hat gerömert!«

ⓘ Residenzschloss: Taschenberg 2, 01067 Dresden
   Gefängnis Waldheim: Dresdener Straße 1 a, 04736 Waldheim

Aus dem Leben des Königs Johann von Sachsen

Ein altes Mütterchen von siebzig Jahren,
Die meist in schwerer Arbeit sie verbracht,
Die Stirn bedeckt mit silberweisen Haaren,
Von Sorg' und Kummer früh schon bleich gemacht,
Steht keuchend an ein hohes Haus gelehnt,
ein Reisigkorb dicht vor ihr auf dem Stein.
Sie seufzt: Wer ew'ge Ruhe sich ersehnt,
Kannst dem, o Herr, du wirklich böse sein?
Was hab' ich auf der Welt noch? Nichts als Sorgen.
Ja, früher war's wohl anders. O, mein Sohn!
Jetzt folgt dem trüben Heut das trübre Morgen.
Ständ ich mit dir, mein Kind, vor Gottes Thron!
Selbst trocknes Brot zu schaffen, fehlt die Kraft.
Denn hilflos Alter weist man stets zurück,
Wo für Geringes blüh'nde Jugend schafft.
Mit dir, mein Sohn, versank mein Erdenglück.
Hier rinnt der heißen Zähren reicher Zoll
Der Alten übers faltige Gesicht.
An ihr vorüber hastet unruhvoll
Im Dienst der hundertfält'gen Tagespflicht
Die Alltagsmenge. Seinem eignen Ziel
Strebt jeder zu. Die Alte trifft kein Blick.
Und träf er sie, was kümmerte wohl viel
Die Eifrigen der Armen Mißgeschick?
Ach, wie sie jetzt umsonst sich ängstlich müht,
Den Korb zum Rücken wieder zu erheben!
Das blasse runzlige Gesicht erglüht,
Die welken Hände zittern ihr und beben.
Da kommen übern Platz – der Neumarkt war's

In Sachsens Residenz – jodelnd her
Zwei Knaben, und der ältere des Paars,
Langaufgeschossen, fast kein Knabe mehr,
Stellt vor die Alte sich hin und höhnt: »Eu'r Gnaden,
Das kommt davon, wenn man zu int'ressiert;
Ihr habt euch zuviel Schätze aufgeladen:
Ha, ha! Nun seid ihr gründlich angeführt!«
Die Alte schweigt. O steinern harte Herzen,
Ihr ahnt nicht, wie ein grausam spitzes Wort
Des Armen reichgefülltes Maß der Schmerzen
Zum Überfließen bringt und fort und fort
Auf seinem rauhen, sonnenlosen Pfad
Verwundend weiter klingt. Schlagt euch die Brust!
Mit Eisenschwere rollt des Schicksals Rad,
Wie leicht zermalmt's auch eures Lebens Lust!
Jetzt kommt ein reichgeschmücktes Weib daher.
Ein Knäblein an der Hand. Von Mitleid voll
Bleibt dieses stehn und spricht: »Du plagst dich sehr;
Ich helf' dir, Mütterchen.« »Max bist du toll!«
Ruft streng das Weib und reißt dann mit Gewalt
Den Sohn hinweg. »Vergißt du ganz und gar« –
Wie klingt die Stimme hochmutsvoll und kalt –
»Was sich geziemt, und wer dein Vater war?«
Die Gräfin rauscht davon. Da tritt heran
Ein schlichter Herr, bedeutend von Gesicht
(Gewiß ein kluger, ein gelehrter Mann),
Und ohne daß ein einzig Wort er spricht,
Faßt er den Korb, schwingt kräftig ihn empor
Und hilft der Alten mit geschäft'ger Hand
Das Tragband zu befest'gen. Dann verlor
Er in der Menge sich. Die stand
Und starrte auf ein Goldstück, das der Mann
Ihr in die Hand gedrückt, bevor er ging;
Daß ihr gehört das gelbe, runde Ding.

Dann schrickt sie auf: »Ach Gott, ich dankt's ihm nicht!
Ein Engel war es wohl im Menschenkleid;
Aus seinen Augen strahlte Himmelslicht!«
»Ein Engel? Frau ihr seid nicht recht gescheit,«
Spricht da ein Arbeitsmann, der zugeschaut,
Wie jener Herr der Alten Hilfe bot,
Und wahrlich seinen Augen kaum getraut;
»'s war Prinz Johann; er half euch aus der Not,
Das könnt ihr stolz in euerm Dorf berichten.«
»Ein Engel ist's drum doch!« Sie bleibt dabei.
Erzählt von Wundern künftig sie Geschichten:
»Vom Prinzen Johann die« ist stets dabei.

Marie Schramm-Macdonald

Philalethes im Gemetzel

Es gor im Deutschen Reich, die 1848er Revolution warf ihre Schatten voraus und hatte im Leipziger Theatersekretär Robert Blum (*1807; †1848) einen ihrer führenden Protagonisten. Am 12. August 1845 reiste der für die Landessicherheit zuständige Prinz Johann von Sachsen (*1801; †1873) per Dampfross in die Messemetropole, um unter anderem die Ertüchtigungen der Bürgerwehr zu begutachten. Des Abends speiste die königliche Gesellschaft im vornehmen *Hotel de Prusse*, gelegen am Roßplatz. Vorm Hause versammelten sich alsbald die Kritiker der Monarchie. Sie pöbelten und sangen deutsch-nationale und patriotische Lieder und warfen Pflastersteine gegen die Fenster. Zur Befriedung schickten die Honoratioren der Stadt nach der Kommunalgarde, des Prinzen Gefolge rief nach dem Militär. Die Bewaffneten zogen auf. Der Oberstleutnant der königlichen Armee verwies befehlsgewohnt die Stadtgarde des Platzes: »Sie sind hier nicht mehr nötig, gehen Sie zurück!« – ein Fauxpas, denn es war keine Aufgabe des Militärs, die Stadt zu beschützen. Prinz Johann derweil stahl sich durch die Hintertür des Hotels und ordnete die Räumung des Roßplatzes an. Die Armee trieb die Protestler in die Promenaden des Innenstadtrings, wurde jedoch der Lage nicht Herr. Signalhörner ertönten, Soldaten schossen: vier Personen verletzt, acht getötet. Der Prinz wollte am nächsten Morgen Leipzig ohne Aufsehen verlassen, doch wurde er vom Mob erkannt und verfolgt und fast aus seiner königlichen Kutsche gekippt. Selbigen Tags sandte der Stadtrat eine Adresse an den Regenten und gab dem Militär die Mitschuld an diesem Gemetzel, das als »Leipziger Bartholomäusnacht« in die Geschichte einging. Majestät bedauerte das Geschehen, hielt aber auch das Benehmen der Untertanen für staatsgefährdend. Die Beschwerdepetition an den Regenten unterschrieben sofort 1.800 Leipziger Bürger. Revolutionäre wie Robert Blum hielten angesichts der Erschossenen Reden, die Trauerfeier gestaltete sich zum Fanal. Ferdinand Freiligrath widmete »Leipzigs Toten!« Verse.

>»Und dann sie flohn! Der Blitz des Rohres fuhr
>In abgewandte, schon geworfne Reihen!
>Ja, Fliehnde nur, schuldlose Wandler nur,
>Hat man erlegt mit königlichen Bleien!
>Ein Weib, ein Kind – o herzzerreißend Weh!
>Da lagen sie, am Pflaster die Gesichter!
>– Was ballst du nur an deinem Schweizersee
>Die zorn'gen Fäuste, heimatloser Dichter?
>»Ich bin die Nacht, die Bartholomäusnacht;
>Mein Fuß ist blutig und mein Haupt verschleiert.
>Es hat in Deutschland eine Fürstenmacht
>Zwölf Tage heuer mich zu früh gefeiert!«

Es ist eine der schwärzesten Episoden im Leben des Königs Johann von Sachsen, der als schreibender Schöngeist die Kulturlandschaft bereicherte. Sein vollständiger Name: Johann Nepomuk Maria Joseph Anton Xaver Vincenz Aloys Franz de Paula Stanislaus Bernhard Paul Felix Damasus, in der Literatur unterzeichnete er mit dem Pseudonym Philalethes – altgriechisch: »Freund der Wahrheit«. Als sechstes Kind des Prinzen Maximilian (*1759; †1838) wurde er 1801 in Dresden geboren, nach dem Unfalltod seines kinderlosen Bruders Friedrich August (*1797; †1854) übernahm er qua Erbfolge den Thron. »Er pflegte früh neben juristischen und staatswissenschaftlichen Studien die schönen Künste, namentlich Poesie und Musik; eine besondere Vorliebe hatte ihm seine Mutter, Caroline von Bourbon-Parma (*1770; †1804), für die italienische Sprache und Literatur eingeflößt. Zwanzig Jahre alt, erhielt er im Geheimen Finanzkollegium Sitz und Stimme und wurde 1825 dessen Vizepräsident. 1821 unternahm er mit seinem älteren Bruder, Clemens (*1798; †1822), eine Reise nach Italien, auf der dieser starb. Eine Frucht seiner italienischen Studien war seine mit kritischen und historischen Erläuterungen versehene Übersetzung von Dantes ›Divina Commedia‹ (Leipzig 1839–49, 3 Bände; zuletzt 1904), die er unter dem Namen Philalethes veröffentlichte.« Seiner Neigung entsprechend war er als junger Mann an der Stiftung des Königlich sächsischen Altertumsvereins beteiligt und übernahm später deren Leitung. »Nachdem sein älterer Bruder, Friedrich August, 1830 zum Mitregenten ernannt worden war, trat Johann an die Spitze der zur Erhaltung der öffentlichen Ruhe niedergesetzten Kommission und übernahm zugleich das Generalkommando der Kommunalgarden. Auch erhielt er Sitz und Stimme im Geheimen Rat und nach dessen Auflösung den Vorsitz im Staatsrat und fungierte als Präsident des Geheimen Finanzkollegiums bis zum Frühjahr 1831.« Er arbeitete mit am Entwurf des sächsischen Kriminalgesetzbuches (1838) und beteiligte sich an den Beratungen einer Strafprozessordnung (1842). Nach dem Tode seines Vaters im Jahre 1838 war er in den Besitz der Sekundogenitur getreten, bereiste im Sommer des Jahres abermals Italien und diesmal auch Sizilien. »Die tumultuarischen Vorgänge der Leipziger Bartholomäusnacht 1845, bei der Johann der verletzte und leidende Teil war, konnten nur einen vorübergehenden Schatten auf seine Popularität werfen.« Auf dem Thron »übertrug er die unermüdliche Tätigkeit des Gelehrten auf die Regierungsgeschäfte, an denen er persönlich Anteil nahm und für die er eigne Anschauung zu gewinnen wusste.« Er galt als Reformer der Justiz, erweiterte das Eisenbahnnetz und führte die Gewerbefreiheit ein. Sein Einsatz für die Wissenschaft trug wesentlich zum Aufblühen der gelehrten Anstalten des Landes, vor allem der Universität Leipzig, bei. Ruhe und Entspannung fand Johann in den Schlossanlagen zu Pillnitz. Hier empfing er illustre Gäste aus Wissenschaft und Kunst, diskutierte mit den Freunden Ludwig Tieck (*1773; †1853) und Carl Gustav Carus (*1789; †1869). Letzterer schreibt über den Sommer 1838: »Es finden sich in dem verschlossenen Teile der königlichen Gärten in Pillnitz einige Pavillons, von denen diesmal den einen östlich gelegenen, im japanischen Stil verzierten, der Prinz Johann gewählt hatte, um dort das kleine Dante-Komitee auch ein paarmal im Sommer zu versammeln. Freund Tieck fuhr dazu mit Graf Baudissin (*1789; †1878) in den warmen Vormittagsstunden heraus, und da saßen wir denn in dem altmodisch verzierten bequemen Gartenzimmer, welches wohl noch nie dergleichen poetische Zusammenkünfte gesehen hatte, jeder mit seinem Dante bewaffnet, vor uns die sonnig-heitern Blumenbeete, und hörten von Tiecks sonorer Stimme aufmerksam die von einem Fürsten verdeutschten Verse des Dichterfürsten vortragen, einzig unterbrochen von einer leichten Kollation, bei welcher dann eine meist mit gutem Humor geführte Konversation erfrischend umkreiste. Eine Sitzung dieser Art dauerte gewöhnlich von elf bis drei Uhr, und meist fuhr dann Tieck mit zu meinem Hause, wo denn auch wohl einige von seiner Familie angekommen waren, um bei uns zu essen, und dann, nachdem er in möglichst heißer Sonne (einer besonderen Leidenschaft dieses Freundes) sich recht durchwärmt hatte, pflegte er oft den Nachmittag noch mit Lesung einer kleinen Novelle zu beschließen.« In Pillnitz verstirbt König Johann von Sachsen am 29. Oktober 1873. Im englischen Pavillon mit Blick auf die Statue der Juno im kleinen Teich verfasste er noch kurz vor seinem Tode das »Gebet eines Greises«:

Mein greises Haupt, geschmückt mit Silberhaare,
Belastet mit der langen Reihe Jahre,
Senkt sich getrost zu der ersehnten Bahre,
Bleibst du bei mir, Herr, da der Abend naht!

Des Tages Hitze hab ich, Herr, getragen;
In heitren wie in freudeleeren Tagen
Wandt' ich zu dir die Blicke ohne Zagen.
O, bleib auch jetzt bei mir, der Abend naht!

Du führtest sanft mich durch der Jugend Morgen
Und vor des schwülen Lebensmittags Sorgen
Hielt Deiner Allmacht Schatten mich verborgen;
O, bleib auch jetzt bei mir, der Abend naht!

Bald – bald, ich fühl' es, wird mein Auge brechen;
Zwar frei bin ich von blutigen Verbrechen,
Doch frei nicht des Staubgebornen Schwächen,
Drum bleibe, Herr, da der Abend naht!

ⓘ Sekundogenitur: Brühlsche Terrasse 3, 01067 Dresden
Schloss Pillnitz: August-Böckstiegel-Straße 2, 01326 Dresden
Grab in der Katholischen Hofkirche: Schloßstraße 24, 01067 Dresden
Denkmal von Johannes Schilling: Theaterplatz, 01067 Dresden
Denkmal auf dem Königstein: Pirnaer Straße 2, 01824 Königstein
König-Johann-Turm: 01744 Dippoldiswalde
König-Johann-Turm: Karl-Berger-Straße 18, 01904 Neukirch/OL
Johannstadt: 01307 Dresden
Roßplatz: 04103 Leipzig

Kronprinz Albert von Sachsen im Liede seiner Soldaten

Zu den erlauchten Fürsten aus dem Hause Wettin, deren Heldenstirn Siegeslorbeer schmückt, und denen es vorbehalten war, in schweren Kriegszeiten sich unverwelklichen Ruhm zu erwerben, gehört in erster Linie König Albert von Sachsen (*1828; †1902). Schon seit frühester Jugendzeit, bereits vor seinem Eintritte in das Offizierscorps des sächsischen Heeres als aktiver Offizier im Leibinfanterieregiment (24. Okt. 1843), war er dem Militär mit herzlicher Liebe zugethan; und weil er von jeher durchaus Soldat mit Leib und Seele gewesen ist und ein echt kameradschaftliches Mitgefühl sowohl den Offizieren wie auch den Soldaten entgegengebracht hat, so war und ist er noch der erkorene Liebling seiner Soldaten, in deren Kreis er sich allgemeinster Verehrung und größter Beliebtheit erfreut.

In allen Feldzügen gab Prinz, später Kronprinz Albert, immer an der Spitze der wehrhaften Jünglinge und Mannen des Sachsenlandes stehend, seinen Truppen ein leuchtendes Beispiel soldatischer Bravour, indem er nicht von ihrer Seite wich, vielmehr die kämpfenden Söhne seines Vaterlandes durch ermutigende Worte zur Tapferkeit anfeuerte. Mußte es nicht begeisternd auf die Truppen wirken, wenn Prinz Albert, was am 13. April 1849 im dänischen Kriege geschah, sich im heftigsten Schütz- und Gewehrfeuer zeigte und die sächsischen Soldaten zum Ausharren ermunterte? Solche Beweise von Unerschrockenheit, Kaltblütigkeit und persönlicher Tapferkeit eines fürstlichen Helden vergessen die Soldaten nicht so leicht. Sie bilden den Gegenstand ihrer Unterhaltung im Biwak, auf dem Marsche, in den Kasernenstuben.

Wird einmal auf dem Marsche ein erfrischendes Lied angestimmt, was kann da anders sein Inhalt sein als die Thaten und die löblichen Soldateneigenschaften des königlichen Helden? Überwältigt von seiner Persönlichkeit, sangen ehemals die braven Stürmer der Düppler Schanzen, die wackeren Streiter und Sieger im Jütland:

>»Alsobald hat man die ganzen
Tod und Wunden spei'nden Schanzen
Festen Sturmschritts in Gewalt.
Prinz Albert, jung, ein tapfrer Degen,
Als Kamerad im Kugelregen
Feuert an, wo's platzt und knallt!
Drum, ihr Brüder, stoßt an:
Hoch lebe der General,
Prinz Albert soll leben,
der die Schanzen that nehmen,
Und ein jeder Offizier!
Tapfre Sachsen sind wir.«

Oder:

>»Wer wollte nicht zu Felde, Felde ziehn,
Wenn uns der Oberst führt?
Wer wollte nicht wie Mauern, Mauern stehn,
Wenn uns Prinz Albert kommandiert?
Wenn's heißt, der Feind rückt an,
Freut sich ein jeder Mann.
Legt an! Gebt Feuer und ladet, ladet schnell
Und weicht nicht von seiner Stell'!«

Wie die im dänischen Kriege und in den Manövern und Übungen bewiesene echt soldatische Haltung von dem hohen Beifall des Vaters des königlichen Helden und den des Generals von Prittwitz fand, der seinen Ordonanzoffizier, dem Prinzen Albert, uneingeschränktes Lob zollte, so gefiel sein leutseliges Wesen besonders dem gemeinen Soldaten, und dieser feierte die Anspruchslosigkeit seines Führers, der die Entbehrungen der Soldaten auf dem Marsch und im Biwak gern und freiwillig mit ertrug, in einfachen, aber herzlichen Weisen:

>>Soldat, das ist mein Leben,
Soldat ist meine Lust,
Der Kronprinz kommandieret,
Trägt Sterne auf der Brust.

Er schaut auf uns hernieder,
er reitet uns voran,
Es kennet unser Albert
Wohl einen jeden Mann.

Er thut mit uns kampieren
Im Biwak auf dem Feld:
›Guten Morgen, Kameraden!‹
Das Leben mir gefällt.<<

Der unglückliche Ausgang des Krieges in Böhmen 1866 that dem Glauben an die Kriegstüchtigkeit und das Feldherrntalent des Kronprinzen, das sich bei Gitschin und Königgrätz bewährt hatte, keinen Abbruch. Die Soldatenpoesie bekennt die Unerschrockenheit, die Tüchtigkeit des Feldherrn:

>>In Böhmen, Kameraden,
Der Kronprinz kommandiert‹:
›Thu keiner sich ergeben,
und niemand retiriert.<<

Und:

> »Mit unserm Kronprinz an der Schar
> Ging's frisch hinein in die Gefahr,
> Da reitet Albert zu uns 'ran:
> ›Stell' heute jeder seinen Mann!‹«

Trotz des Mißerfolges blieb er der erklärte Liebling, das Ideal seiner ihm treu ergebenen Soldaten; sie sangen:

> »Kronprinz Albert steigt zu Pferde,
> Zieht mit uns ins Feld, –
> ›Siegreich woll'n wir Frankreich schlagen,
> Sterben als ein tapfrer Held.‹«

Wer hört nicht in den wuchtigen Tönen dieses echten Soldatenliedes die Siegeszuversicht und das unbedingte Vertrauen zum erprobten Schlachtenführer? Es ist dieses Soldatenlied: »Kronprinz Albert steigt zu Pferde« zu einem Gemeingut aller Sachsen geworden, die des Königs Rock getragen haben und tragen, eine Lieblingsweise des sächsischen Heeres. Als nun in den Augusttagen des Jahres 1870 die todesmutigen Sachsensöhne mit unvergleichlicher Tapferkeit unter den Augen ihres Feldherrn die festungsähnlichen Höhen von Roncourt und Marie aux chênes stürmten und mit flatternden Fahnen in die feuersprühenden Gassen von St. Privat eindrangen, da war diesem Soldatenliede ein neuer, lebenskräftiger Inhalt gegeben, da erfuhr es bald eine Weiterbildung und Ausgestaltung:

> »Kronprinz Albert steigt zu Pferde,
> Reitet uns voran,
> Wenn ihn sehn die roten Hosen,
> Fliehet jedermann.

Brüder auf mit lust'gem Klange
Kronprinz Albert hoch,
Der voran mit der Kolonne
Ein nach Frankreich zog!«

Als Kronprinz Albert immer neue Lorbeeren um seine fürstliche Stirne wand und die für unbesiegbar gehaltenen Franzosen in mehreren entscheidungsvollen Kämpfen schlug,
einmal sogar in der Nacht seine Truppe wecken ließ und
dann beim weltgeschichtlichen Entscheidungskampfe fünf
Stunden früher eingriff, als es erwartet wurde – fünf ereignis-
reiche, schwerwiegende Stunden –, da war seinen kampfes-
mutigen und sangesfreudigen Kriegern für ihre schlichten
Dichtungen ein würdiger, großartiger Stoff gegeben, und die
Erinnerungen an diese unvergleichlichen Siege boten Veran-
lassung zu folgenden Soldatenweisen:

»Vivat, hoch, der Kronprinz lebe,
Unser tapfrer Kommandeur!
›Immer vorwärts‹ heißt es eilen,
Also machet ihm auch Ehr'!

Hoch im Winde flattern Fahnen,
Grün und weiß; hurra!
Stürmen wir vom Berg hernieder,
Ist kein Feind mehr da.

Kronprinz Albert thät sie fangen
Früh am hellen Tag,
Tausend von den roten Hosen,
All' auf einen Schlag.

Unser sind die Mitrailleusen,
Die Monturen rot,

Da dem Feind die Kanonade
Guten Morgen bot.«

Und einem bekannten, den preußischen Kronprinzen Friedrich Wilhelm feiernden Volksliede nachgebildet, sangen die Sachsenbrüder:

> »Unser Albert, Prinz von Sachsen,
> War dem Marschall auch gewachsen,
> Schloß sogar den Kaiser ein
> Und dabei noch obendrein
> Mac Mahon, Mac Mahon,
> Albert kommt und hat ihn schon.«

Die hervorragende Thätigkeit des Kronprinzen beim »Kesseltreiben« von Sedan und seine große Neigung, die er dem edlen Weidwerk in Friedenszeiten entgegenbringt, geben später einem sächsischen Soldaten Anlaß zu nachfolgender Dichtung:

> »Herr Albert wollt' einst jagen,
> Wohl in den Augusttagen
> Ein Bild gar seltner Art.
> Er ließ die Treiber wecken:
> ›Fahrt aus durch Busch und Hecken,
> Nur sachte, mit Bedacht!‹
> Halli, hallo, halli, hallo,
> Der Kronprinz weckte so.
>
> ›Daß keiner mir jetzt schwatze,
> Sein Pfeiflein keiner schmatze,
> Gebt Feuer nicht noch Dampf!
> Wenn ihr es habt gefangen,
> Könnt alles ihr verlangen,

Doch vorwärts jetzt zum Kampf!‹
Halli, hallo, halli, hallo,
Der Kronprinz jagte so.

Bald war das Wild gefunden
In frühen Morgenstunden,
Im Schlummer lag es noch
In wald'gen Thalesgründen,
Da war das Wild zu finden.
Früh auffsteh'n lohnt sich doch.
Halli, hallo, halli, hallo,
Der Kronprinz fing es so.

Und als vorbei das Jagen,
Spricht Albert mit Behagen:
›Das habt ihr gut gemacht!
Jetzt sucht hervor die Pfeife,
Zum Brotsack jeder greife,
Die Jagd ist nun vollbracht!‹
Halli, hallo, halli, hallo,
Der Kronprinz lobte so.«

So wurden alle wichtigen und erfolgreichen Ereignisse, welche die von Kronprinz Albert befehligten Krieger in ihrer Gesamtheit berührten, in schlichte Verse gebracht. In diesen fand sowohl die gemeinsame Stimmung als auch die tüchtige Gesinnung unserer sächsischen Kriegsleute einen vollkommenen, wahren und unverfälschten Ausdruck. Haftet diesen Klängen auch manches Rauhe und Ungefüge in Wort und Wendung an, so machten sie dennoch bald die Runde durch alle Truppenteile und waren in aller Munde, bis endlich neuere Ereignisse sie verdrängten und die Gemüter, welche von der lebendigeren Gegenwart näher berührt werden, davon abgelenkt wurden.

Die schlichten Weisen der singenden streitbaren sächsischen Kriegsleute aber sind von hoher Bedeutung: ein deutliches Zeugnis der hohen Verehrung für ihren bewährten Kriegsherrn, den sie auf gleicher Höhe mit den gefeierten Helden Deutschlands stellen: Prinz Eugen (*1663; †1736), Friedrich II. (*1712; †1786) und Wilhelm I. (*1797; †1888), die im Liede fortleben werden bis in die fernsten Zeiten.

Ernst Richard Freytag

König Albert in Meißen

Ich lobe mir den Knaben, der wacker läuft und springt,
Trotz aller Hindernisse zu seinem Ziele dringt.
  Ich lobe mir den Knaben, der kühn und keck was wagt
Und nicht lang um die Meinung und um Erlaubnis fragt.

So war es jüngst zu Meißen, als König Albert kam.
Ein Bürschlein, rosenwangig, die Kunde froh vernahm:
»Es kommt zu uns der König!« Wie schlägt sein Herz so laut!
Hätt' gerne schon dem Fürsten in Angesicht geschaut!

Wie klopft's ihm unterm Röcklein! Wer zähmt des Knaben
Lust?
Ist doch des Glücks der Sachsen er freudig sich bewußt!
Doch ach – wie soll er schauen den lieben König heut',
Da alles Vorwärtsdrängen die Polizei verbeut?

Hier stehn Soldatenreihen in überlegner Zahl,
Dahinter Menschenmassen – das macht dem Burschen
Qual.
Wie soll er sie durchbrechen, die dichtgeschloss'nen Reihn,
Die gliederreichen Ketten? Ist er doch schwach und klein!

Von ferne hört er's schallen: »Hoch! deutscher Feldmarschall,
Heil dir, geliebter König! Willkommen tausendmal!«
Das gab ein Tücherschwenken, ein Fahnenflattern schön;
Man hört die Böllerschüsse von nahen Bergeshöhn.

Da kommt dem kecken Buben ein plötzlicher Entschluß:
Er zwängt sich durch die Menge, gar manchem zum Ver-
druß.

Manch Scheltwort muß er hören; viel Püffe steckt er ein,
Was kümmert das den Knaben! Kann er nur Sieger sein!

Doch vor der Doppelkette der Schützen heißt es: »Halt!«
Wie aber jetzo weiter? Mein Bursch weiß Rat alsbald:
Als hoch zu Roß der Oberst sein Tier zur Seite schwenkt,
der Kleine unterm Pferde den Weg zur Straße lenkt.

Hier fährt des Königs Wagen; der Bursch läuft nebenhin
Und blickt mit Stolz und Freude auf seinen König drin.
Wie glühn die Purpurwangen vom Laufen rosenrot!
Das Staubgewölk, das Rasseln, ihm macht es keine Not.

Kann er doch satt sich schauen am Helden, schlachtbewährt;
Wie ist von solchem Glücke so froh sein Blick verklärt!
Als drauf die Wagen stehen, ruft ihm der König zu:
»Was liefst du so behende, sag an, was wolltest du?«

Der Junge schaut dem König gar fest ins Angesicht:
»Wollt' gern den König schauen! Ich kannte Sie noch nicht«
»So, so«, versetzt der König, »nun schaue mich recht an;
Denk immer deines Königs und werd' ein braver Mann!«

Drauf reichte ihm der König ein Goldstück freundlich hin:
»Nimm dies, mein kleiner Läufer, als deiner Müh' gewinn!
Damit zu allen Zeiten du schauen kannst mein Bild:
Hier ist es drauf!« – Es lächelt der König sanft und mild.

Uns ist dein Bild, o König, in unser Herz geprägt,
Und wir bekennen's heute, daß treu es für dich schlägt.

Richard Freytag

Eine Eroberung ohne Waffen

Das Wort Eroberung ruft in uns wohl immer die Vorstellung von Belagerung und Kampf wach. – Im Geiste sehen wir da Waffen blitzen und hören Kanonen donnern. Für dieses Mal indessen brauchst du, lieber Leser, keine Sorge zu tragen; die Eroberung, von der du erfahren sollst, hat nichts mit Pulver und Blei oder mit Säbelklirren und Kugelpfeifen zu tun, und obwohl es dabei recht herzhaft geblitzt und gedonnert hat, so ist es im Grunde genommen ganz friedlich zugegangen. Ein Soldatenheer brauchte auch nicht aufzumarschieren, eigentlich hat eine einzige Person – und noch dazu eine Frau – die Eroberung zustande gebracht. – Wohlauf denn, zur Burg hinan!

Es war im Jahre 1878. Wieder hatte der König Albert in seinem Rehefeld Einzug gehalten, und mit ihm war auch seine Hohe Gemahlin erschienen. Sie wollte hier, wie's ihr öfter schon gefallen hatte, den 5. August, ihren Geburtstag, in aller Stille und Abgeschiedenheit verleben. Alt und Jung hatte das Königliche Paar in ungeheuchelter Freude begrüßt. Das ganze Dörflein war bemüht zu bekunden, daß ein alter Bund bestehe, nach welchem sich jegliches Rehefelder Menschenherz als »eingenommen« und »erobert« zu betrachten habe. – Du meinst gewiß, lieber Leser, der Eroberung, von der die Überschrift spricht, auf der Spur zu sein? – Höre nur weiter! Während der König von seinem Rehefelder Schlößchen aus in Gemeinschaft mit Forstmännern der Gegend Jagdausflüge unternahm, lustwandelte die Königin gern durch den frischen grünen Wald. So hatte sie denn auch den sonnigen Tag, den der 4. August bescherte, zu einem Spaziergang durch den Forst bestimmt. Je glühender die Sonnenstrahlen durch die

Lüfte zitterten, desto angenehmer versprach der Aufenthalt im Walde zu werden. Als weitestes Ziel wurde der »neue Graben« in Aussicht genommen. Das weiche geschmeidige Moos des hier niemals gänzlich austrocknenden Waldbodens erleichterte den Gang; schön geformte Farne und kleine, zarte Sauerkleepflänzchen, untermischt mit allerlei bunten Glöckchen, Ähren und Rispen, labten das Auge; am Wegrande prangte einladend die tiefblaue Heidelbeere, und rotbackige Preiselbeeren empfahlen sich zu trefflichem Hutschmuck.

Als nun die Damen, an den Rückweg gemahnt, sich wendeten, sahen sie den westlichen Himmel mit düsteren Wolken bedeckt. Einzelne Tropfen verkündeten bald, nachher den Ausbruch eines nahenden Gewitters. An einer seitlich stehenden Riesentanne hatte eine der Hofdamen einen Wegweiser entdeckt, auf dessen knorriger Hand die Worte standen: »Nach dem Huthaus 10 Minuten.« Rasch entschlossen, schlug die Königin, ihre Begleiterinnen nachziehend, den angezeigten Pfad ein. Bald zeigte sich ihren Blicken auch das ersehnte Huthaus. In der Mitte der Lichtung, auf der Höhe einer Bergwerkshalde, thronte das einfache Holzhäuschen – den Damen eine winkende Burg.

Kaum aber waren sie aus dem Hochwalde herausgetreten, so brach das Unwetter mit aller Macht los. Züngelnde Feuerschlangen fuhren vor ihnen vom Himmel zur Erde nieder, der Donner brüllte durch die vom Sturm gepeitschte Luft, der Regen floß in Strömen. Noch ehe sie die Halde erreichten und hinaufklimmen konnten, hatten sie an ihren Kleidern erheblichen Schaden gelitten. An der Haustüre des Häuschens hing aus einem Löchlein von innen ein Faden heraus, der die fehlende Klinke ersetzen mußte. Sie zogen daran, ein kleines Falleisen wurde gehoben, und die Türe ging auf. Mit frohem »Gott sei Dank!« traten sie unter das schützende Dach, wo sie vor allem ihre zerzausten und durchnäßten Oberkleider und Hüte, so gut es gehen mochte, in Ordnung brachten. Das Gefühl der Sicherheit machte ihnen den kleinen Flurraum zu einem willkommenen Aufenthaltsort; ihre Lage erschien nunmehr als eine ganz erträgliche. Da sie aus der anliegenden Stube heraus ein Hämmern hörten, das nur bei jedem Blitze einen Augenblick verstummte, während die deutlich wahrnehmbaren Worte »Gott sei uns gnädig und barmherzig!« zweifach gesprochen wurden, empfanden sie auch noch den Trost, den die Gewißheit der Nähe Gottes und guter Menschen immer zu spenden vermag. Indessen hatte die Schuhmachersfrau die Stubentüre schon geöffnet, durch die mit freundlichem Gruße die vom Unwetter betroffenen Damen eintraten. Der alte Schuster brummte sein »Willkommen!« zwar nicht gerade unfreundlich, aber doch mit gleichgültiger Stimme; auch wendete er sich kaum um, die Eintretenden eines Blickes zu würdigen. »Die bringen mir doch keine Arbeit!«, meinte er bei sich und arbeitete fort, als sei niemand da. Mutter Christel aber, der die Begabung, Menschen zu beurteilen, so wenig fehlte wie anderen Frauen, sah es dem Besuche sofort an, daß er zur vornehmen Welt gehörte. Sie zupfte schnell ihre Schürze zurecht, reichte jeder der Damen die Hand und sprach mit natürlicher Herzlichkeit: »Seien Sie recht schön willkommen! Setzen Sie sich nieder! Ziehen Sie Ihre Mäntel aus! Am Ofen wird alles schnell wieder trocken!« Und nachdem die Fremden der Aufforderung Folge geleistet, auch die dargebotenen Stühle angenommen hatten, erzählte die Hausmutter, daß sie gerade Feuer angezündet habe, um Kaffee zu kochen, auf den ihr Mann keinen Nachmittag, selbst bei größter Sonnenhitze, verzichten wolle. Außer einer Prise Tabak sei ihm der Kaffee das größte Labsal. Dann sprach sie ihr Bedauern darüber aus, daß die Stadtfrauen in das Unwetter gekommen seien und Schaden an ihren Sachen gelitten hätten. Vielleicht, fügte sie tröstend hinzu, lasse sich alles mit der Plättglocke wieder heilen. – Gar zu gern hätte Mutter Christel gefragt, wer die Damen wohl seien, wo sie wohnten, wie sie hierher kämen; doch wagte sie das nicht. Nun suchte sie, auf Umwegen etwas Näheres zu erfahren. »Ach«, sagte sie, »zu uns kommt das ganze Jahr niemand aus der Stadt, wir bekommen außer ein paar böhmischen Bergleuten und den wenigen Holzmachern im Staatsforste selten jemanden zu sehen. Was wollten denn auch die Altenberger bei uns? Die Geisinger und die Lauensteiner haben es noch weiter hierher. Und die vornehmen Stadtleute, die sich im Sommer drunten in Kipsdorf und Bärenfels aufhalten, kommen nur bis nach Rehefeld, weil dort öfters der König wohnt, der manchmal auch die Königin mitbringt. Zu sehen kriegt die aber auch der Zehnte nicht!«

Die Königin ging auf die in diesen Worten versteckt liegende Aufforderung, über ihre Person und ihren Aufenthalt etwas auszusagen, nicht ein und lenkte das Gespräch auf das sich allmählich beruhigende Gewitter. »Sind die Gewitter immer so heftig hier im Walde?«, fragte sie. Mit einem Anflug von Selbstgefühl übersprang die Schustersfrau die verlangte Antwort und erwiderte – die Gedanken der Königin weiterführend –, daß sie noch nie Furcht empfunden habe, Gott sei überall daheim und hier im alten Huthaus erst recht; denn es stehe an frommer Stelle. Als der Bergbau noch im Gange gewesen sei, habe sich hier ein wirkliches Huthaus befunden, darin hätten die Bergleute vor der Einfahrt in den Schacht ihre Andacht verrichtet und sich dem Schutze Gottes empfohlen. »Nun begreife ich auch«, sagte die Königin, »weshalb Ihr Häuschen so hoch dasteht wie eine kleine Festung.«

Bei dieser Äußerung wendete sich der Meister um; sein Blick war auffällig heiter. Die Meisterin aber wusste sich besonders groß. Sie stützte die Hände in die Seiten und sagte mit fast stolzem Tone: »Ja, ja! Das meint unser Eduard auch. Wenn der auf Urlaub kommt, ruft er schon von weitem, wie's auf der Festung Königstein geht, und ob der Kommandant (damit meint er unsern Vater) wohlauf ist. Unsern Eduard sollten Sie sehen; das ist ein Soldat!« Das

Wasser war ins Laufen gekommen. Die kindsstolze Mutter erzählte alles, was ihr eben das Herz bewegte. Die Königin erfuhr ohne Zwischenfragen, daß der Sohn als Gärtner gelernt habe, jetzt als Soldat auf der Festung Königstein diene und später bei dem Oberförster um Übertragung einer Waldwärterstelle bitten wolle. Die Tochter Wilhelmine sei verheiratet an einen Bergmann in Zinnwald und habe ein Herdlein Kinder zu versorgen: Marie, Anna, Fritz und Paul. In einer Viertelstunde war die Königin mit der ganzen Familiengeschichte der Schuhmachersleute vertraut. Dem Schuhmacher hatte die Gesprächigkeit seiner Frau offenbar gefallen. Wiederholt hatte er zwischendrein seinen Beifall durch Kopfnicken und durch ein bestätigendes »Hm, hm!« zu erkennen gegeben.

Draußen lachte die Sonne wieder, und eben schoß ein glänzender Strahl in das Stübchen und blieb an der rotgestrichenen Stubentüre haften. Das Auge der Königin ging dem Sonnenstrahl nach und blieb ebenfalls auf der roten Türe ruhen. An der oberen Kante der Türe waren aber in waagerechter Reihe nebeneinander die Buchstaben S M D M D F S geschrieben, und darunter standen in gleicher Anordnung Ziffern 3. 4. 5. 6. 7. 8. 9. Über dem dritten Buchstaben, unter dem die Ziffer 5 stand, war mit Kreide ein Kreuzchen angezeichnet. Der Königin kam eine derartige Zusammenstellung von Ziffern und Buchstaben – noch dazu auf einer Stubentüre – neu vor. Sie fragte deshalb nach der Bedeutung der Aufzeichnung. Mit sichtlicher Freude erklärte Mutter Christel, daß die Buchstaben in Gemeinschaft mit den Ziffern den Hauskalender abgäben, der zwar jede Woche geändert werden müsse, sich aber bequem lesen lasse und kein Geld koste. Die Königin lächelte zustimmend, allein das Kreuzchen über der 5 machte sie gleich wieder nachdenklich. Sie brachte sich selbst in Beziehung zu der Ziffer. Für sie hätte jedoch ein Sternchen an der 5 stehen müssen, nicht aber ein Totenkreuz. Teilnehmend und mit zarter Schonung fragte sie: »Am 5. August ist wohl jemandem in Ihrer Verwandtschaft ein Unfall zugestoßen, da Sie diesem Tag ein Kreuzchen gegeben haben?« Wie von der Tarantel gestochen, sprang jetzt der Meister in die Höhe und rief in fast vorwurfsvollem Tone: »Was denken Sie denn? Unfall? O bewahre! Wissen Sie es nur, am 5. August ist für mich das Beste geschehen, was nur geschehen konnte! Daß ich es ja nicht vergessen solle, habe ich jenes Kreuz über die 5 gesetzt. Ich konnte doch keine Null hinschreiben, wenn meine gute Christel ihren Geburtstag hat! Nicht wahr, Christel«, fuhr er, seine Frau anschauend, fort, »du bist mein größter Schatz auf der Welt! – Ach, wenn meine Christel nicht wäre, hätte ich keine Arbeit; denn niemand würde mir das zerrissene Schuhwerk aus den zerstreuten Häusern herholen, und niemand trüge das ausgebesserte wieder an seinen Ort; niemand kassierte meinen Verdienst ein. Wenn meine Christel nicht wäre, hätte ich keine Pflege. Niemand kann so feine Kräuter suchen gegen das Reißen wie meine Christel. Wo ist so eine Frau, die so guten Kaffee kocht wie meine? Wo ist die Frau, die zwei Stunden weit nach einem Pfund Tabak läuft wie meine? Wenn meine Christel nicht wäre, hätte ich keine Freude; die sieht mir alles an den Augen ab; die streicht mir die Sorgen aus der Stirn und macht mir frohen Mut! Darf ich wohl da ihren Geburtstag vergessen? Das wäre ja das größte Unrecht!« Der guten Frau traten während der großen Lobrede ihres Mannes die Tränen in die Augen. Um sie ungesehen herabrollen lassen zu können, huschte sie zur Tür hinaus. Diesen Umstand benutzte die Königin zu der vertraulichen Anfrage, wie wohl der Geburtstag ausgezeichnet werde. Der Meister zögerte nicht, zu gestehen, daß er heimlich die Zinnwalder Kinder und Enkel für den kommenden Festtag eingeladen habe; die Anwesenheit der Kinder sei seiner Frau die größte Freude; der Eduard könne leider nicht kommen, der werde sie später durch seinen Besuch erfreuen. Einen Strauß auf den Tisch werde wohl der Wald spenden. Etwas Weiteres brauche man nicht für den Tag.

Der Morgen des 5. August brach in seltener Herrlichkeit an. Das Gewitter des vorigen Tages hatte die Natur verjüngt. Es fühlte sich alles an wie neugeboren. Die Schustersfrau machte sich zu schaffen mit Kannen und Tassen; ihre Hoffnung, daß die Zinnwalder kommen würden, war noch keinen Augenblick wankend geworden; lugte nicht auch der Meister seit einer ganzen Stunde zum Fenster hinaus nach dem Zinnwalder Wege hin? – »Alle sechse!« rief er plötzlich und sprang mit einem Satze zur Türe hinaus, die Frau hinterdrein. Erst nachdem jedes seine Freude gehörig zum Ausdruck gebracht hatte, legte sich die Aufregung etwas. Die gute Großmutter konnte freilich nicht zur Ruhe kommen; sie mußte den Kaffeetisch herrichten, Plätze anweisen, Tassen füllen und zum Zulangen nötigen. Indessen solche Geschäftigkeit war ihr auch ein Stück Geburtstagsfreude.

Der kleinen, stillen Marie, die gewohnt ist, aufmerksam auf alles zu achten, was um sie her vorgeht, und die, wie es daheim heißt, das kleinste Mäuschen rascheln hört, war es nicht entgangen, daß jemand angeklopft hatte, sie wendete sich mahnend an den Großvater: »'s hat geklopft!« Erwartungsvoll richteten sich aller Blicke nach der Türe. Und davor stand: Eduard, der zum Ehrentage seiner Mutter Freizeit erhalten hatte, um ihr seine Glückwünsche selbst bestellen zu können. Was war das für eine Freude! Nicht nur Mutter Christel liefen die Tränen. Sie konnte nicht aufhören, ihren Sohn zu herzen. Aber auf die Frage, wer denn auf der Festung Königstein davon gewusst hatte, vermochte der junge Soldat keine Antwort zu geben. Aber da klopfte es wieder. Großvater ließ ein überlautes »Herein!« erschallen. In der Stube wurde es still.

Erwartungsvoll richteten sich aller Blicke nach der Türe, durch die sich eine mit einem großen Tragekorbe beladene

Frau zwängte. Lautlos und staunend vernahm die Familie, wie die Botenfrau beim Absetzen ihrer Bürde sagte: »Einen Gruß an die Frau Festungskommandant: Mutter Christel soll alles gut besorgen!«

»Ihr seid wohl falsch angekommen? Ich weiß von nichts!«, stotterte die betroffene Frau.

Da löste die Botenfrau die Hülle, worauf zunächst ein hölzernes Wäglein, das die Aufschrift trug »Für Paul«, zum Vorschein kam. Daneben steckte ein Pferdchen mit der schriftlichen Anweisung »Für Fritz«. »Hier, Kinder, greift zu! Das schickt euch die Frau, die gestern mit einer Begleiterin hier im Huthaus war«, lud eifrig die Sendbotin ein. Für Anna kam eine Puppe aus dem Korbe und für Marie ein Nähkasten. Für die Zinnwalder Tochter wurde ein Halstuch ausgepackt und für deren Mann ein Geldtäschchen. Für den Meister entstiegen dem Korbe einige Päckchen Tabak und eine Tabakspfeife. Für Eduard eine Signalpfeife für Waldwärter. Für das Geburtstagskind, die »gute Christel«, kam eine ganze Sammlung zu Tage: Kaffee, Zucker, Linsen, Wurst, Fleisch, Kuchen und – ein Briefchen. Die Meisterin zitterte an allen Gliedern. Andere Hände mussten das Briefchen öffnen und andere Augen das Geschriebene lesen helfen.

Liebe Frau Meisterin!

Zu Ihrem Geburtstage wünsche ich Ihnen Glück und Segen von Gott. Möge das Huthaus alle Zeit eine Festung sein, in der gottesfürchtige, brave Menschen sicher wohnen! Die kleinen Gaben, welche die Botenfrau bringt, sollen den Geburtstag verschönern helfen. Für die gestern genossene Liebe sage ich nochmals meinen Dank

Carola

Hiermit ist, lieber Leser, die Überschrift der Erzählung genugsam erklärt.

Reinhard Rother

Der Königin Carola Erbe

In der ärmsten Hütten eine
Trat einst Sachsens Königin.
Kalt und öde ist's im Stübchen,
Not und Kummer wohnen drin.

Auf die harte Streu gebettet
Liegt ein Knabe, fiebernd heiß. –
Zu ihm wendet sich Carola,
Geht zum Lager sanft und leis.

Glättet ihm die wirren Locken,
Reicht ihm einen kühlen Trank
Und spricht tröstend noch beim Scheiden:
»Still, nur still, es währt nicht lang.« –

Als sie wieder kam zur Hütte,
War der Knabe blaß und tot,
Kalt die Hand, die noch im Sterben
Gruß und Dank ihr kindlich bot. –

»Mutter«, hat er oft gesprochen,
»Kommt die Dame wieder her,
Schenk ihr doch mein Blumenstöckchen!
Auch sie kam zu mir nicht leer.«

Carola, gerührt zu Thränen,
Nimmt die Blume freundlich an,
Läßt sie pflegen, daß sie täglich
Ihre Lust dran haben kann.

In dem königlichen Garten

Pranget manches Blümchen zart,
Aber keines, das mehr Liebe
Eines Herzens offenbart.

Von den Blumen, düftegebend,
Schöngestaltet, buntgefärbt,
Ist Carola keine lieber,
Als die, welche sie »geerbt«.

Nichts hat je die Königin
So beglückt und froh gemacht
Als die Blume jenes Knaben,
Der im Tod an sie gedacht.

Ernst Richard Freytag

Hofberichterstattung:
Der König im April

Mittwoch, 3. April 1907: Der König wohnte an den Osterfeiertagen dem Gottesdienste in der katholischen Hofkirche bei. Am Sonntag unternahm er mit seinen Kindern einen Ausflug nach der Friedensburg, trank dort Kaffee und fuhr von Kötzschenbroda aus mit der Bahn nach Dresden zurück. Die gemeinsame Familientafel wurde um 6 Uhr nachmittags abgehalten. Am zweiten Feiertag begab sich der König in Begleitung seiner Kinder nach Moritzburg, wo nach der Mittagstafel ein Ostereiersuchen für die Prinzen und Prinzessinnen stattfand.

Das Osterkonzert im Residenzschlosse, das zu den traditionellen Einrichtungen am Königl. Hofe zählt, fand am 2. Feiertag abends 9 Uhr im großen Ballsaale statt. Eine glänzende Gesellschaft füllte den Konzertraum; außer den Staatsministern waren die Mitglieder des diplomatischen Korps, die Generalität und hohe Würdenträger eingeladen worden. Der König erschien mit den ältesten Söhnen und dem Prinzenpaare Johann Georg kurz nach 9 Uhr und hielt zunächst Cercle ab, worauf dann unter Leitung von Generalmusikdirektor v. Schuch das Konzert begann. Das Programm setzte sich folgendermaßen zusammen: 1. Ouvertüre zu »Meeresstille und glückliche Fahrt« von Mendelssohn-Bartholdy. 2. Zwei Terzette für Frauenstimmen von Lachner (Fr. Rast, Frl. Schäfer, Frl. v. Chavanne). 3. Oktett, Werk 20, Es-Dur von Mendelssohn-Bartholdy. 4. Frühlingsstimmen, Walzer für Sopran von Johann Strauß (Frau Wedekind). 5. Polonaise für großes Orchester von Liszt. 6. Quintett aus »Amelia« von Verdi (Frau Wedekind, Frl. v. Chavanne, Herren Burian, Rains und Wachter). Nach dem Hofkonzerte zog der König die Künstler ins Gespräch und verweilte noch längere Zeit in dem im zweiten Stock gelegenen Speisesaal, wo Erfrischungen gereicht wurden.

Heute früh ritt der König in die Dresdner Heide und empfing mittags die Departementschefs der Königl. Hofstaaten zum Vortrag.

Die Königin-Witwe hat am 1. April Brüssel verlassen und ist im strengsten Inkognito nach Paris weitergereist; dahin haben sich auch Oberhofmeisterin v. Pflugk und Oberhofmeister v. Malortie begeben, um die Königin-Witwe Freitag, den 5. April zunächst nach Marseille und dann nach Juanles-Pins bei Antibes zu begleiten.

Donnerstag, 4. April 1907: Der König ritt heute mit seinen beiden ältesten Söhnen in der Heide. Zur Mittagstafel beim König war u. a. der Königl. Kammerherr, päpstlicher Oberkämmerer v. Schönberg, eingeladen. Geh. Regierungsrat Beeger bei der Kreishauptmannschaft Dresden wurde zum ersten Rate bei der Kreishauptmannschaft Bautzen und Stellvertreter des Kreishauptmanns ernannt. Ferner wurde der Oberregierungsrat Granbe bei der Kreishauptmannschaft Dresden von seiner Stellung als 1. Juristischer Rat bei der Generalkommission für Ablösungen und Gemeinheitsteilungen entbunden, und der Oberregierungsrat Frhr. V. Wilcke bei der Kreishauptmannschaft Zwickau als 1. Juristischer Rat zur Kreishauptmannschaft Dresden ist als Generalkommission für Ablösungen und Gemeinheitsteilungen versetzt worden. Dem als juristischer Hilfsarbeiter zur Amtsmannschaft Plauen versetzten Polizeikommissar bei der Polizeikommission zu Dresden, Polizeirat v. Bötticher, wurde der Titel und Rang als Regierungsassessor verliehen. Professor Georg Wrba in Berlin ist als Lehrer und Ateliervorstand für Bildhauerei an die Akademie für bildende Künste zu Dresden berufen worden. Dem Brandversicherungsinspektor Georg Heinrich Florey in Meißen ist die Stelle des

Brandversicherungsoberinspektors für den Inspektionsbezirk Chemnitz-Stadt mit dem Funktionstitel »Baurat« übertragen worden. Ferner wurde verliehen dem Oberinspektor Martin Weidauer, Bezirkslandmesser in Leipzig, anläßlich seines Uebertritts in den Ruhestand das Ritterkreuz 2. Klasse des Verdienstordens sowie dem Postsekretär Hanner in Leipzig das Ritterkreuz 2. Klasse des Albrechtsordens.

Freitag, 5. April 1907: Der König nahm heute Mittag militärische Meldungen entgegen und hörte dann den Vortrag des Ministers des königlichen Hauses, Staatsministers v. Metzsch. An der heutigen Mittagstafel beim König nahmen Prinz und Prinzessin Johann Georg mit den Damen und Herren vom Dienst teil. Heute Abend wird der König dem Vortrag des Grafen Arco über drahtlose Telegraphie und Telephonie in der Technischen Hochschule beiwohnen. Zu Ehren der Königin-Witwe Carola, die auf der Durchreise nach Cannes in Paris einige Tage inkognito weilt, fand gestern Abend auf der deutschen Botschaft ein Diner statt. Der König hat dem Bankier Hugo Mende in Dresden den Titel Kommerzienrat sowie dem Kursmakler und Vorstand der Maklerkammer Otto Schröder in Dresden das Ritterkreuz 1. Klasse vom Albrechtsorden verliehen. Der Gestaltungsvorsteher Prof. Höfel bei der Königl. Porzellanmanufaktur wurde vom 1. April ab ohne Aenderung seines Dienstverhältnisses zum dritten Mitgliede der Administration der Manufaktur berufen. Der Architekt Baurat Otto Bernh. Kurt Diestel in Dresden ist vom 1. April an zum ordentlichen Professor für Formenlehre der Antike, Einrichtung öffentlicher Gebäude und malerische Perspektive in der Hochbauabteilung der Technischen Hochschule in Dresden, der Architekt Franz Oswin Hempel in Dresden zum etatsmäßigen außerordentlichen Professor für Freihand-, Ornament- und Figurenzeichnen in der Hochbauabteilung der Technischen Hochschule in Dresden, der Privatdozent Dr. phil. Heinrich Ley in Leipzig zum außerordentlichen Professor in der Philosophischen Fakultät der Universität Leipzig ernannt worden.

Sonnabend, 6. April 1907: Der Königritt heute Vormittag mit den beiden ältesten Prinzensöhnen in der Heide. Nach der Rückkehr ins Residenzschloß empfing der König den Staatsminister General der Infanterie, Freiherrn v. Hausen, und die Departementschefs der Königl. Hofstaaten zum Vortrag. Der König hat dem Kaiserl. Oberpostdirektor Geh. Oberpostrat Halke in Dresden das Komturkreuz 1. Klasse des Albrechtsordens und dem Geh. Sekretär und Redakteur des Gesetz- und Verordnungsblattes bei der Gesamtministerialkanzlei Theodor Beyrich das Ritterkreuz 2. Klasse vom Albrechtsorden verliehen. Dem Fahrradhändler Karl Friedrich Wilhelm Scheiblich in Niederspaar hat der König für die von ihm am 8. Januar durch eine ausgezeichnete Leistung bewirkte Errettung zweier Schulknaben vom Tode des Ertrinkens in der Elbe bei Niederspaar die silberne Lebensrettungsmedaille mit der Befugnis verliehen, sie am weißen Bande zu tragen.

Sonntag, 7. April 1907: Ueber den gestern Morgen erfolgten Besuch des Königs in Leipzig wird uns noch gemeldet: König Friedrich August traf vormittags 9 Uhr 50 Minuten gänzlich unerwartet auf dem Leipziger Bahnhofe ein. In seiner Begleitung befanden sich Kronprinz Georg sowie die Prinzen Friedrich Christian und Ernst Heinrich. Der Monarch fuhr sofort nach dem Grassi-Museum, wo er bis 12½ Uhr weilte. Er besichtigte im Museum für Völkerkunde zunächst die ausgestellten Gegenstände aus den Südsee-Inseln sowie aus Japan und China. Sodann hörte er einen Vortrag des Prof. D. Weule über seine Reise durch den Süden von Deutschostafrika. Später begab sich der König in einen der Säle, in dem die Gegenstände aus Afrika und Amerika ausgestellt sind. Nach dem Besuch des Grassi-Museums begab sich der König nach dem neuen Rathaus, wo mittelst eines

Fahrstuhles eine Auffahrt in den Rathausturm unternommen wurde. Sodann besuchte der König den neuen Meßplatz am Frankfurter Thor und trat 2.25 Uhr nachmittags die Rückfahrt nach Dresden an.

Dienstag, 9. April 1907: Der König wohnte heute den Kompagniebesichtigungen des 3. Bataillons des Leibgrenadier-Regiments Nr. 100 auf dem Garnisonsübungsplatze bei und empfing mittags die Departementschefs der Königl. Hofstaaten zum Vortrag. Heute Abend wird der König einer Einladung des Kgl. Großbrit. Minister-Residenten Viscount Gough zum Diner Folge leisten.

Die Königin-Witwe ist am Sonnabend wohlbehalten in Juan-les-Pins eingetroffen.

Mittwoch, 10. April 1907: Der König ritt heute früh in der Heide und hörte dann im Residenzschlosse die Vorträge der Staatsminister und des Königl. Kabinettsekretärs. Das Königl. Hoflager wird voraussichtlich am 30. des Monats nach der Königl. Villa Wachwitz verlegt werden. Der König hat dem Ersten Staatsanwalt beim Landgerichte Bautzen, Oberstaatsanwalt Arwed Martini, das Offizierskreuz vom Albrechtsorden, dem Amtsgerichtsrat, Justizrat Dr. Louis Ottomar Schwarze, in Chemnitz die Krone zum Ritterkreuz 1. Klasse des Albrechtsordens und dem Amtsgerichtsrat, Justizrat Otto Friedrich Gaudich, in Königsbrück das Ritterkreuz 1. Klasse des Albrechtsordens bei ihrem Uebertritt in den Ruhestand sowie dem Rektor des Vizthumschen Gymnasiums, Oberstudienrat Professor Dr. Julius Adolph Bernhard, das Offizierskreuz des Albrechtsordens, dem Konrektor der Kreuzschule daselbst, Studienrat Prof. Dr. Gustav William Abendroth, die Krone zum des Albrechtsordens 1. Klasse und dem Professor an der Dreikönigsschule daselbst, Carl August Otto Voigt, das Ritterkreuz 1. Klasse des Albrechtsordens anläßlich ihres Uebertrittes in den Ruhestand verliehen. Der König hat weiter genehmigt, daß der Bezirksassessor Graf zu Castell-Castell bei der

Amtshauptmannschaft Dresden-Neustadt die ihm vom Kaiser verliehenen, mit der Ernennung zum Ehrenritter des Johanniterordens verbundenen Abzeichen annehme und trage, daß der Rechnungsrat Böhme in Leipzig den ihm vom Kaiser verliehenen Roten Adlerorden 4. Klasse anlege und daß der Geheimkämmerer Ranisch und der Kämmereischreiber Bureauassistent Hohlfeld das ihnen von dem König zu Portugal verliehene Ritterkreuz vom portugiesischen Christusorden annehmen und tragen.

Donnerstag, 11. April 1907: Der König traf heute Vormittag 10 Uhr 5 Minuten mit Sonderzug in Leipzig ein. Nach kurzer Begrüßung durch den auf dem Bahnsteig anwesenden Kreishauptmann Frhr. V. Welck und den Polizeidirektor Bretschneider fuhr der Monarch, in dessen Begleitung sich Staatsminister Dr. Graf v. Hohenthal und Bergen und Kultusminister v. Schlieben sowie Generaladjutant Generalleutnant v. Altrock und Major Eulitz befanden, im Kraftwagen nach Connewitz, um dort der Einweihung des neuen Lehrerseminars in der Äußeren Elisenstraße beizuwohnen. Der Weiheakt wurde von Seminardirektor Fränzel geleitet.

Freitag, 12. April 1907: König Friedrich August traf gestern Mittag 12.30 Uhr mittelst Sonderzuges in Borna ein und legte mit dem Gefolge den Weg nach dem Rathause im offenen Wagen zurück. Im Ratssitzungssaale hatten die städtischen Kollegien sowie die Spitzen der Zivil- und Militärbehörden sowie der Kreisausschuß sich versammelt. Der Bürgermeister begrüßte hier den König mit einer Ansprache, auf die der König dankte. Sodann nahm der König die Parade über die auf dem Marktplatz aufgestellten Militärvereine des Bezirks, die Schützengilde, die Feuerwehr und die Gatzschesche Knabenexerzierschule ab und besichtigte im Anschluß hieran die lokale Industrieausstellung. Hierauf begab sich der König nach der Stadtkirche und besichtigte dann noch das Karabinierregiment. Kurz nach 4 Uhr verabschiedete sich der König und fuhr im Automobil nach Geithain. Unterwegs nahm er die Huldigung der Orte Prieß- nitz und Oberfrankenhain entgegen. In Geithain erfolgte die Ankunft des Königs um 4 Uhr 20 Minuten. Vor dem Un- tertor an dem altertümlichen Meilenzeiger stieg der König mit den Herren seiner Begleitung aus dem Wagen, um die Begrüßung der städtischen Behörden entgegenzunehmen. Bürgermeister Höfer hielt eine Ansprache, worin er mitteil- te, daß der Stadtgemeinderat beschlossen habe, anstelle um- fassender Schmückung der Stadt eine Stiftung in Höhe von 2.000 Mk. zu errichten, deren Zinsen zu wohltätigen Zwe- cken Verwendung finden und die den Namen »König-Fried- rich-August-Stiftung« erhalten solle. Der König dankte herz- lich und begab sich darauf durch das Untertor in die Kirche, um diese eingehend zu besichtigen. Währenddessen wurde eine Kirchenmusik aufgeführt. Um 4.40 Uhr erfolgte die Weiterfahrt über Wechselburg und Burgstädt nach Chem- nitz. Gegen 7 Uhr traf der König, von lautem Jubel emp- fangen, mit seinem Gefolge am »Grünen Hof« in Borna bei Chemnitz ein und wurde hier von den Vertretern der Stadt Chemnitz begrüßt. Hier waren die Herren Oberbürgermeis- ter Dr. Beck, Stadtverordnetenvorsteher Justizrat Eulitz und Polizeidirektor Lohse erschienen. Die Begrüßungsansprache des Oberbürgermeisters klang in ein brausend aufgenomme- nes Hoch auf den Landesherren aus. An der Stadtgrenze von einer Abteilung reitender Schutzleute empfangen, fuhr der König sodann zu seinem Absteigequartier Hotel »Römischer Kaiser«, woselbst ein kleiner Empfang stattfand. Eine unge- heure Menschenmenge brachte auf dem festlich erleuchte- ten Marktplatze dem Monarchen begeisterte Ovationen dar. Um ½9 Uhr begab sich der König im offenen Zweispän- ner zum Centraltheater, woselbst eine Festvorstellung, be- stehend aus einem Lustspiel und dem Auftreten von Varieté- kräften, stattfand.

Der König wird auch dieses Jahr zu seinem Geburtstage, Sonnabend, den 25. Mai, große Parade auf dem Alaunplatz abhalten, an der außer der in Dresden garnisonierenden Regimenter folgende Truppen teilnehmen: das Husarenregiment Nr. 18 (Großenhain), das erste Jäger-Bataillon Nr. 12 (Freiberg) und die reitende Abteilung des Feldartillerie-Regiments Nr. 12 (Königsbrück). Somit stehen in Parade: die vier Infanterie-Regimenter 100, 101 und 177, das Schützenregiment Nr. 108, die beiden Jäger-Bataillone Nr. 12 und 13, das Pionier-Bataillon, zwei Kavallerie-Regimenter, Gardereiter und Husaren, die beiden Feldartillerie-Regimenter Nr. 12 und 48 mit der reitenden Abteilung, das Train-Bataillon, die Maschinengewehr-Abteilung und das Kadettenkorps. Alles in allem rund 7.000 Mann.

Sonnabend, 13. April 1907: Aus Chemnitz, 11. April, wird gemeldet: Heute früh begab sich der König mit Gefolge im offenen Wagen zur Parade der Garnison. Auf dem Wege nach den Kasernen wurden ihm mehrfache Huldigungen dargebracht, so vor den technischen Staatslehranstalten, wo die Chargierten der Akademie mit den Fahnen Aufstellung genommen hatten, und am Schlachthofe, wo die Fleischermeister und Gesellen in weißer Schürze und Hemdsärmeln dem König eine Ovation bereiteten. Herr Flescherobermeister Kickelhayn begrüßte den Monarchen mit einer kurzen Ansprache. An den Kasernen standen wiederum Tausende von Menschen, die den König jubelnd empfingen. Der Monarch betrat sofort den Hof der 181er Kaserne, auf dem die beiden Infanterieregimenter und die »Kaiser«-Ulanen in Regimentskolonnen standen. Nachdem der König die Fronten der einzelnen Regimenter abgeschritten, ließ er sie in Zugkolonnen defilieren. Nach Beendigung der Parade begab sich der König wiederum im offenen Wagen nach der 10. Mädchen-Bezirksschule. Weiterhin folgten Besichtigungen der städtischen Nervenheilanstalt, der sächsischen Webstuhlfabrik vorm. Louis

Schönherr, der Schloßkirche, des Schloßgarten-Restaurants, des Königl. Gymnasiums, der Königl. Kreis- und Amtshauptmannschaft, worauf der König nach seinem Absteigequartier »Römischer Kaiser« zurückkehrte. Am Nachmittag besuchte der König nacheinander die Ausstellung von Gesellenstücken der vereinigten Innungen, die Ausstellung des Amateur-Photographenvereins und schließlich das pathologische Institut. Von dort fuhr der König zur Sächsischen Tüllfabrik und schließlich nach der neuen Feuerwache, die ebenfalls besichtigt wurde. Am Abend brachte der Chemnitzer Sängerbund und der Lehrergesangsverein dem König auf dem Marktplatze vor dem Hotel »Römischer Kaiser« eine Serenade dar. Heute früh 7½ Uhr trat der König im Automobil die Rückreise nach Dresden an. Bei dem Aufenthalt in Borna hielt der König zwei Ansprachen, die eine an den Bürgermeister Löscher, in der er seiner Freude über den Ausfall der Reichstagswahlen Ausdruck gab, die andre beim Besuch der evangelischen Kirche als Erwiderung auf die Rede des Superintendenten Richter. Hier sagte der König: »Es ist mir eine lebhafte Freude zu sehen, daß in meinem Volke immer mehr die Erkenntnis durchdringt, daß ich bestrebt bin, meine Sorgfalt in derselben Weise auf das Wohl der evangelischen Kirche zu verwenden wie auf allen andern Gebieten unseres Volkslebens. Ich freue mich stets, auf meinen Reisen durch das Land bemerken zu können, daß die evangelischen Geistlichen mir überall mit Vertrauen entgegenkommen. Deshalb statte ich auch, wo ich irgend kann, der Kirche meinen Besuch ab. Ich hoffe, daß dieses gute Verhältnis auch immer fortbestehen wird.« Die Rückkehr des Königs erfolgt heue 7 Uhr 11 auf dem Neustädter Bahnhof.

Dienstag, 16. April 1907: Der König besuchte am Sonntag mit den Seinen den Vormittagsgottesdienst in der katholischen Hofkirche und empfing mittags einige Herren in Audienz. In der zweiten Nachmittagsstunde unternahm der Monarch bei prächtigem Wetter eine Wagenfahrt mit den Prinzen bis zum »Auer« an der Moritzburger Chaussee, wo der Wagen verlassen wurde, um den Weg bis Coswig zu Fuß zurückzulegen. Dort waren unterdessen die kleinen Prinzessinnen, die eine Spazierfahrt durch die Lößnitz unternommen hatten, im Wagen eingetroffen. Die Königl. Familie nahm gemeinsam den Kaffee ein und kehrte dann mit dem fahrplanmäßigen Zug in der fünften Nachmittagsstunde nach Dresden zurück. Abends 6 Uhr vereinigten sich die Mitglieder des Königl. Hauses beim König im Residenzschloß zur Familientafel. Heute früh ritt der König in die Heide und empfing mittags den Staatsminister Dr. Otto und danach die Departementschefs der Königl. Hofstaaten zum Vortrag. Abends wird der König das Diner beim Generaladjutanten Generalleutnant Altrock einnehmen.

Mittwoch, 17. April 1907: Der König empfing heute Mittag den Staatsminister Dr. Rüger und den Königl. Kabinettssekretär Geh. Rat v. Baumann zum Vortrag. Zur Königl. Mittagstafel war der Oberstmarschall Vizthum v. Eckstädt mit Einladung ausgezeichnet. Der König hat vom 1. Mai an die Assessoren Dr. Ernst Arnim Hase in Schneeberg zum Amtsrichter und Dr. Johannes Adolph Schreiber in Dresden zum Landrichter bei dem Landgerichte Dresden ernannt. Der König hat dem Bezirksstrommeister a. D. Dr. Fleck in Pirna das Verdienstkreuz verliehen.

Donnerstag, 18. April 1907: Der König wird heute Nachmittag das Feuerwehr-Hauptdepot in der Annenstraße besichtigen und abends das Diner bei Hofmarschall Grafen von Rex einnehmen.

Das Befinden der Königin-Witwe ist, wie aus Juan-les-Pins gemeldet wird, ausgezeichnet. Die Königin-Witwe empfing neulich den Besuch des Erbprinzen und der Erbprinzessin von Sachsen-Meiningen.

Freitag, 19. April 1907: Gestern Nachmittag fünf Uhr besichtigte der König die Hauptfeuerwache in der Annenstraße, nachdem er erst vor wenigen Tagen die neuerbaute Musterwache der Chemnitzer Feuerwehr in Augenschein genommen hatte. Hinsichtlich der Baulichkeiten des Zusammenliegens der Räume zwecks schnellsten Alarms wird die Dresdner Hauptwache mit der Chemnitzer und so manch andern Wache freilich nicht konkurrieren können, was aber trotzdem durch Aufbietung von Menschenkraft und Raschheit erreichbar ist, das haben unsre wackren Feuerwehrmannschaften auch gestern wieder gezeigt. Der König, in dessen Begleitung sich Oberhofmarschall Freiherr v. dem Busche-Streithorst, Kämmerer v. Criegern, Flügeladjutanten Oberst von Wilucki, Majore v. Arnim und Eulitz befanden, wurde von Herrn Oberbürgermeister Beutler und den Herren Stadträten Dr. Körner und Leutemann begrüßt. Auf dem Hofe der Wache hatten die Offiziere des Korps und die Wachmannschaft Aufstellung genommen, und Herr Branddirektor Keller erstattete dem König den Frontrapport. Nachdem der König die Front abgeschritten, traten die Mannschaften weg, und es wurde ein Rundgang durch das Telegraphenzimmer und die Wachräume angetreten. In den Mannschaftstuben richtete der König verschiedentlich Fragen an die Leute und zeigte besonderes Interesse für alle Einrichtungen. Nach Beendigung des Rundganges wurde Alarm gegeben und dem König ein Rettungsmanöver vorgeführt. Unter Aeußerung anerkennender Worte und mit freundlichem Gruß verabschiedete sich schließlich der König, dem beim Verlassen der Wache die dichtgedrängte Zuschauermenge eine Ovation bereitete.

Der König empfing heute Mittag die Departementschefs der Königl. Hofstaaten zum Vortrag. An der heutigen Mittagstafel beim König nahmen Prinz und Prinzessin Johann Georg mit den Damen und Herren vom Dienste teil. Heute Abend wird sich der König nach Zittau-Oybin zur Auerhahnjagd begeben. Die Rückkehr wird nächsten Sonnabend früh erfolgen.

Sonnabend, 20. April 1907: Der König traf in vergangener Nacht 12 Uhr 22 Minuten auf dem Bahnhofe Zittau ein und begab sich zu Wagen nach Jonsdorf ins Jagdrevier zur Auerhahnjagd. In seiner Begleitung befand sich Major v. Eulitz. Infolge der Ungunst der Witterung war es dem König nicht vergönnt, einen Auerhahn zu erlegen. Der Monarch begab sich daher nach dem Gasthof »Zur Gondelfahrt« in Jonsdorf zurück, wo er bis um 11 Uhr vormittags verblieb, um alsdann nach Zittau zurückzukehren.

Ueber den Reiseaufenthalt der Prinzessin Mathilde weiß das »Königl. Journal« zu berichten: Die Prinzessin reiste am 23. v. M. von Segura mittelst Automobils über die Sommerresidenz La Granja nach Madrid. Den Palmsonntag verlebte die Prinzessin in der Hauptstadt. Am 25. März reiste die Prinzessin nach Cordoba, am Tage darauf nach Sevilla, wo sie bis zum 4. April verblieb. Noch an demselben Tage wurde ein Ausflug nach Algeciras unternommen, tags darauf Gibraltar besucht und am 6. April die Fahrt nach Tanger angetreten, wo die Prinzessin bis zum 8. April verblieb. Am 9. d. M. erfolgte die Rückkehr nach Spanien, und zwar nach Ronda. Vom 10. bis 15. April weilte die Prinzessin in Granada.

Dienstag, 23. April 1907: Der König besuchte gestern den Vormittagsgottesdienst und begab sich dann 10.45 Uhr nach Dornreichenbach, um seinen Generaladjutanten, General der Infanterie v. Minkwitz, die Glückwünsche zum 70. Geburtstag persönlich zu überbringen. Auf der Rückkehr verließ der König in Coswig den Zug und unternahm einen Ausflug nach Moritzburg, wo er mit seinen Kindern zusammentraf. Am Abend begab sich der König nochmals nach Zittau zur Auerhahnjagd. Von dort kehrte er heute Morgen hierher zurück. Heute Vormittag ritt der König in die Heide und hörte heute Mittag den Vortrag der Departementschefs. Morgen begibt sich der König nach Plauen i. V. zur Enthüllungsfeier des dortigen König-Albert-Denkmals. Nachmittags ¼4 Uhr erfolgt die Abreise nach Bad Elster, wo der König bis Freitag zur Auerhahnjagd weilen wird.

Mittwoch, 24. April 1907: Der König ist heute Vormittag 8.35 Uhr nach Plauen i. V. und Bad Elster abgereist und wird von dort nächsten Freitagnachmittag 4.50 Uhr wieder hierher zurückkehren.

Zum heutigen Geburtstage des Königs Albert legte eine Offiziersdeputation des 1. Husaren-Regiments »König Albert« Nr. 18 unter Führung des Regimentsführers Major von der Decken einen Kranz am König-Albert-Denkmal nieder.

Das Befinden der Königin-Witwe ist, wie aus Juan-les-Pins gemeldet wird, sehr gut. Gestern waren der Herzog und die Herzogin von Vendôme und Herzog und Herzogin von Urach zum Frühstück geladen.

Donnerstag, 25. April 1907: König Friedrich August wohnte gestern Mittag der feierlichen Enthüllung des König-Albert-Denkmals in Plauen i. V. bei. Der König war um 12 Uhr im Hofsonderzuge in Plauen eingetroffen und am Bahnhofe von den Spitzen der Behörden empfangen worden. In der reichgeschmückten Bahnhofstraße bildeten die Schüler der Volksschulen und der höheren Lehranstalten Spalier. Auf dem prächtig geschmückten Altmarkte, dem Denkmalsplatze, wo sich die Behörden, das Offizierskorps, die Ehrengäste, Deputationen usw. eingefunden hatten, wurde der Monarch mit Fanfarenklängen begrüßt. Als der König im Königspavillon Platz genommen hatte, stimmte ein Männerchor von 400 Sängern Beethovens Hymne »Die Himmel rühmen des Ewigen Ehre« an. Der Vorsitzende des Denkmalsausschusses, Landgerichtspräsident Dr. Hartmann, übergab das Denkmal der Stadt. Die Hülle fiel, während die Ehrenkompagnie präsentierte. Oberbürgermeister Schmid übernahm das Monument, eine Schöpfung des Professors Seffner, in die Obhut der Stadt, dankte dem König für sein Erscheinen, den Bürgern, die das Denkmal stifteten, und den ausführenden

Personen und schloß mit einem Hoch auf den König, der sodann das Reiterstandbild besichtigte und dem Professor Seffner seine Anerkennung aussprach. Unmittelbar nach der Enthüllung des Denkmals überreichte der König dem stellvertretenden Vorsitzenden des Denkmalausschusses, Landtagsabgeordneten Poppitz, den Albrechtsorden 1. Klasse. Von Plauen aus begab sich der König sodann nach dem Besuche der Theatervorstellung nach Bad Elster.

Sonnabend, 27. April 1907: Der König hat Bad Elster heute Mittag verlassen und trifft nachmittags 4.50 Uhr wieder in Dresden ein.

Prinzessin Mathilde ist von Barcelona nach Pais abgereist.

Sonntag, 28. April 1907: Der König hat dem Bahnhofsinspektor 1. Klasse, Freiherrn v. Brandenstein, in Leipzig das Ritterkreuz 2. Klasse vom Verdienstorden und den in den Ruhestand versetzten nachgenannten Beamten der Stadteisenbahnverwaltung Auszeichnungen verliehen, und zwar dem Bureauassistenten Bruno Schmidt in Dresden, dem Lokomotivführer Grumbach in Plagwitz-Lindenau und dem Oberschaffner Leidert in Leipzig das Albrechtskreuz, ferner den Feuerwehrmännern 1. Klasse Günther in Görlitz und Schrödter in Meuselwitz, den Bahnwärtern Büttner in Harthau i. E., Frisch in Greiz und Weigold in Niederbobritzsch sowie den Weichenwärtern 2. Klasse John in Halsbrücke und Lorenz in Geithain das allgemeine Ehrenzeichen.

Dienstag, 30. April 1907: Der König besuchte gestern Vormittag den Gottesdienst in der katholischen Hofkirche und erteilte hierauf im Residenzschlosse mehrere Audienzen. Um 1 Uhr fand bei dem König Familientafel statt. Nach der Tafel besuchte der König mit seinen Söhnen die Seidnitzer Pferderennen. Im Anschluß hieran unternahm der König mit seinen Söhnen eine Spazierfahrt. Abends 9 Uhr legte sich der Monarch auf dem Hauptbahnhofe in seinen Salonwagen schlafen, um in der Nacht zum Markersbacher Revier auf Auerhähne zu jagen.

Heute früh begab sich der König nach dem Neustädter Bahnhof zur Begrüßung der Prinzessin Mathilde, die 8 Uhr 56 Minuten von ihrer längeren Reise nach Portugal und Spanien zurückkehrte. Im Anschluß daran unternahm der König den gewohnten Ritt in die Dresdner Heide.

Der letzte Dreck

November 1918: Tage, die Deutschland veränderten. Die politischen Strukturen mussten neuen weichen. Regierungen wurden umgebildet. Posten neu besetzt. Doch hinkten die Reformen stets Volkes Willen hinterher. Auch in Sachsen. Arbeiter- und Soldatenräte wurden gewählt. In Dresden sind es derer drei. Diese neuen Interessenvertretungen waren quasi aus dem Nichts entstanden. Jedoch war das offizielle Parlament nicht aufgelöst und tagte. Auch die Regierung war im Amt. Und nach der Verfassung war der höchste Repräsentant des Sachsenlandes noch immer sein König: Friedrich August III. (*1865; †1932). Doch hielt der weder Zepter noch die Staatsgeschicke in der Hand. Auf den Straßen herrschte blankes Chaos. Staatliches Handeln war unmöglich. Blieb die Frage: Wer regiert das Sachsenland? Wer hat die Macht? Wer übt sie aus und wie?

Am 10. November verlauten unisono die revolutionäre Kraft Ausübenden: »Bürger, Arbeiter, Soldaten! Die revolutionären Ereignisse haben sich überstürzt. Schlag auf Schlag ist die öffentliche Gewalt in die Hände des Proletariats gelangt. Von Grund auf wird die Gesellschaft umgewälzt. Die in Dresden gegründeten Arbeiter- und Soldatenräte haben sich zu gemeinsamer Aktion vereinigt. Sie werden gemeinsam die Arbeit der kommenden Tage leisten. Die gesamte öffentliche und militärische Gewalt ruht in der Hand des Vereinigten Revolutionären Arbeiter- und Soldatenrats. Bürger, Arbeiter und Soldaten! Vertraut dieser von euch selbst geschaffenen Institution, die euch verantwortlich ist.« Die überkommene Regierung und das Königtum sind in solchem Staate überflüssig. Aber kein Minister war zurückgetreten, und Sachsens König Friedrich August III. hatte auch nicht abgedankt.

Die Ereignisse hatten die Repräsentanten des alten Staates einfach hinweggespült. Die Monarchie war in wenigen Tagen untergegangen.

Doch sprach sich alsbald herum, Friedrich August III. habe doch seinen Thron offiziell verlassen, als die Revolutionäre ihn dazu aufgefordert hätten. »Derfen die denn das?«, sei da des Königs Frage gewesen. Die gegebene Antwort ist nicht überliefert. Das Resultat: Der König ging. »Derfen die denn das?« Erstaunlich dieses politische Unverständnis Sr. Majestät. Erstaunlich wie die Floskeln von Politikern, wenn sie zum Rücktritt gezwungen werden. Roland Koch: »Politik ist ein faszinierender Teil meines Lebens, aber Politik ist nicht mein Leben.« Christian Wulf: »Unser Land braucht einen Präsidenten, der vom Vertrauen nicht nur einer Mehrheit, sondern einer breiten Mehrheit der Bürgerinnen und Bürger getragen wird.« Christian Lindner bei Aufgabe seines Amtes als FDP-Generalsekretär: »Es gibt den Moment, in dem man seinen Platz freimachen muss, um eine neue Dynamik zu ermöglichen.« Ole von Beust: »Die biblische Erkenntnis, alles hat seine Zeit, gilt auch für Politiker.« Da schwingt Trauer über den Machtverlust in den Worten mit und Unverständnis wie bei Sachsens König. Doch schied er allein mit einer Frage aus dem Amt: »Derfen die denn das?« So wird es heute erzählt, doch hat es so nie stattgefunden, die Frage hat Friedrich August III. keinem gestellt. Diese Mär legte der Kabarettist Hans Reimann dem scheidenden Monarchen in den Mund.

In Wahrheit erfolgte die Abdankung des sächsischen Königs auf dem Dienstweg. Aus dem Schloss war zu einem Rücktritt bislang nichts verlautet worden, auch die amtierende Regierung schwieg. Die Staatsgeschäfte hatte längst der vereinigte Arbeiter- und Soldatenrat übernommen. Erst auf Nachfrage erreichte diesen am 13. November das Schreiben des sächsischen Innenministers Dr. Koch: »Auf die heute früh an Se.

Excellenz den Herrn Finanzminister gerichtete Anfrage teile ich mit, daß S. M. der König auf den Thron verzichtet hat. Gleichzeitig hat Se. Majestät alle Offiziere, Beamten, Geistlichen und Lehrer von dem ihm geleisteten Treueeide entbunden und sie gebeten, im Interesse des Vaterlandes auch unter den veränderten Verhältnissen ihren Dienst weiter zu tun.« Die Nachricht besaß keinerlei Überraschungswert, sondern war nur die formelle Bestätigung der längst stattgehabten Entmachtung. »Tatsächlich war Friedrich August III. bereits seiner königlichen Würden entkleidet, da durch die erfolgreiche Revolution die sächsische Republik verkündet würde. Er machte mit diesem offiziellen Schreiben des Ministers aus der Not eine Tugend, denn so gab er der bürgerlichen Presse die Gelegenheit, ihm wegen dieses formellen Verzichts als Trost den Ruhm eines besonders verständigen Monarchen anzuhängen.« Die darauf erfolgten Kommentare glichen sich: »Der seitherige König von Sachsen hat damit die Konsequenzen aus der umwälzenden Verschiebung der Machtverhältnisse gezogen, die sich gegen seinen Willen vollzogen haben. Es ist ihm nichts anderes übriggeblieben. Im Grunde war die formelle Abdankung überflüssig, denn seine Absetzung war bereits durch Proklamation des Vereinigten Arbeiter- und Soldatenrats vollzogen worden. Es wird am bestehenden Zustande dadurch kaum etwas geändert. Wenn wir ihr noch einige Bedeutung beimessen, so deshalb, weil die Auslassungen über den Treueeid auch den Beamten ältester Geistesrichtung den letzten Vorwand nehmen, an ihrem seitherigen Platze auszuharren, der unter allen Umständen erhalten werden muß. Wir glauben nicht einmal, daß Friedrich August der Verzicht sehr schwer geworden ist. Er war keiner von den Kronenträgern, die das monarchische System zu Ansehen bringen oder das seitherige erhalten konnten. Die Herrscherpose stand ihm gar nicht, er hat sich an der Tafelrunde wohler gefühlt als im Ministerrat.«

Im Gedächtnis blieb Hans Reimanns volksnahe Überlieferung. »Derfen die denn das?« So hätte der König ob der ihn ereilenden Ereignisse durchaus fragen können, doch hatte Kabarettist Hans Reimann seinem König diese Worte in den Mund gelegt. Aber nicht diese wurden zur Legende, die man sich noch heute erzählt. Als Reimann diesen Bonmot seinem Kollegen Kurt Tucholsky vortrug, meinte dieser, dass die heitre Wirkung durchaus noch zu verstärken sei. Reimann schrieb um. Seitdem verließ Friedrich August seinen Thron mit den Worten: »Macht Eiren Dreck alleene!«, und schmiss hin.

ⓘ Residenzschloss: Taschenberg 2, 01067 Dresden
 Ständehaus (ehemaliges Parlament): Schloßstraße 1, 01067 Dresden

Ausfahrt zum
Märchenschloss

Allweihnachtlich begegnet uns die schöne Maid und fragt den Prinzen: »Die Wangen sind mit Asche beschmutzt, aber der Schornsteinfeger ist es nicht. Ein Hühnchen mit Federn, die Armbrust über der Schulter, aber ein Jäger ist es nicht. Ein silbergewirktes Kleid mit Schleppe zum Ball, aber eine Prinzessin ist es nicht. Mein holder Herr, wer ist es?« Die Fernsehnation weiß es: Aschenbrödel! Der Film *Drei Haselnüsse für Aschenbrödel* ist nicht nur zur Weihnacht Kult. Božena Němcová (*1820; †1862) variierte den Stoff um 1845 auf poetisch neue Weise, unter der Regie von Václav Vorlíček (*1930) wurde er 1972 in deutsch-tschechoslowakischer Zusammenarbeit verfilmt. Prinzessin Libuše Šafránková (*1953) und Prinz Pavel Trávníček (*1950) wurden Stars. Aus der DDR wirkten unter anderem die Schauspiellegenden Carola Braunbock (*1924; †1978) und Rolf Hoppe (*1930; †2018) mit. Doch lässt sich die Poesie des Märchens nur vor passender Kulisse vermitteln. Die Wahl des Königsschlosses fiel auf Moritzburg. Romantisch liegt es von einem Teich umgeben. Auf der geschwungenen Außentreppe verliert Aschenbrödel ihren Schuh. Durch ihn findet der Prinz die Liebe. Märchenhaft. Schön!

»Wer an einem sonnigen Herbsttage dem inmitten eines großen von Waldesgrün umrahmten Teiches gelegenen Schlosse Moritzburg und der näheren Umgebung desselben einen Besuch abgestattet hat, der wird gewiß das freundliche Bild lange in der Erinnerung behalten.« Den Bau einer Dianenburg im Stil der Renaissance veranlasste Kurfürst Moritz (*1521; †1553) im Örtchen Eisenberg (seit 1934 nach dem Schloss

Moritzburg benannt) in der Burggrafenheide, wie man die Wälder nördlich Dresdens damals noch nannte. Es war das angestammte Jagdrevier der Markgrafen von Meißen. Matthäus Daniel Pöppelmann (*1662; †1736) machte im Auftrag von August dem Starken (*1670; †1733) das barocke Jagd- und Lustschloss Moritzburg daraus. Das Gebäude liegt auf einer von dem großen Schlossteiche, aus Granitfelsen bestehenden Insel, welche durch zwei mit hohen Kastanien besetzte Dämme mit dem festen Lande verbunden ist, und wird durch vier runde, mit Kuppeldächern versehene Türme gekrönt. Es erhebt sich auf einer Terrasse, zu welcher eine große Freitreppe führt. Das Geländer des das Schloss einschließenden großen Platzes ist mit Vasen und Bildsäulen geschmückt, welche der Bestimmung des Schlosses entsprechen. Schloss und Garten hat man mit verschwenderischer Pracht ausgestattet. Sieben große Säle stehen im Innern zur Verfügung, zweihundert Zimmer und viele kleinere Räume, dazu auch eine Kapelle. Die Zimmerwände sind mit einer goldbedruckten Ledertapete überzogen. Den Hauptschmuck der Säle bilden die mit riesigen Geweihen versehenen Hirschköpfe. So befinden sich in dem Speise- oder Bankettsaale einundsiebzig der seltensten natürlichen Hirschgeweihe auf künstlichen hölzernen Hirschköpfen, die, durch die Wandspiegel vervielfältigt, einen höchst anmutigen Anblick gewähren. Keins der Geweihe hat weniger als vierundzwanzig Enden, einige haben derer sogar fünfzig. Außerdem sind die Wände verschiedener Gemächer mit herrlichen Gemälden geschmückt, meist prächtigen Tierstücken und Jagdbildern. Darunter befindet sich auch ein berühmtes, auf Holz gemaltes Bild von Lucas Cranach, eine große Jagd bei Zschopau darstellend. In seiner Glanzzeit unter August dem Starken war das Moritzburger Schloss »Mittelpunkt großartiger Hoffeste und Jagden, Götter- und Türkenaufzüge, Gastmähler, ländliche Maskenbälle, Schäferspiele und Fackeltänze fanden unter Entfaltung großer Pracht statt«. Augusts Sohn Friedrich August II. (*1696; †1763) ließ das »Neue Schloss« bauen, durch Alleen ist dieses Fasanenschlösschen mit dem Jagdschloss verbunden. Napoleon (*1769; †1821) weilte hier mehrmals auf Einladung des sächsischen Königs. König Albert von Sachsen (*1828; †1902) war es sein Lieblingsaufenthaltsort, zu dem die Familie gern hinausfuhr.

So beschreibt Prinz Friedrich Christian (*1893; †1968) seinen Besuch: »Meine früheste Erinnerung an dieses unserer Familie gehörende Wasserschloß geht in die Zeit der Jahrhundertwende zurück. Mein Bruder Georg und ich waren an einem regnerischen Oktober-Tag von unserem Vater gebeten worden, ihn zur Mittagstafel bei König Albert und Königin Carola zu begleiten. In Wachwitz bestiegen wir einen offenen Wagen mit herabgelassenem Verdeck. Es regnete in Strömen, und da ein herbstlicher Sturm ging, wurden unsere Decken bald durchnäßt. Papa hatte den sogenannten Pillnitzer-Moritzburger-Weg gewählt, den kürzesten von Wachwitz bis zu unserem Ziel. Von Loschwitz ging es den Stadtweg hinauf zur Mordgrundbrücke, im Schritt wegen des steilen Anstiegs, vorbei am Schillerhäuschen, wo Teile des ›Don Carlos‹ entstanden, unterhalb des Wolfshügels auf die Radeberger Chaussee. In schnellerer Gangart zogen uns unsere braven Apfelschimmel an den Kasernen vorbei zum Heller, unserem Exerzierplatz, und durch die Dörfer. In Wilsdorf erwartete uns ein geschlossener Landauer des Königs, in den wir beglückt und ganz durchfroren umstiegen, und setzten unsere Fahrt vor der Nässe geschützt fort. In der Schloßdurchfahrt begrüßte uns der Hausmarschall von Carlowitz-Hartitsch, den wir wegen seines Humors, der in keiner Lage versagte, besonders liebten. Er führte uns in wohl gewärmte Salons im zweiten Stock. Mein erster Eindruck vom Inneren war eine bedrückende, kalte, dunkle etwas museale Unwohnlichkeit. Im Stil der vorbarocken Zeit gebaut, war man der Vorliebe für dunkle, schwere Möbel, Vorhänge und Tapeten gefolgt, die sich gleichfalls zu den etwas unfreudigen, steifen Ahnenbildern in dunklen Farben gesellten. Man merkte dem Schloß an, daß es selten bewohnt war. Dazu kam noch, daß wir König Albert leidend vorfanden. Er war stiller als sonst, und auch die liebe Königin Carola war besorgt und schweigsam. Nur die Hofdamen und Hofrat Fiedler sowie unser guter Humorist Carlowitz sorgten, daß die immer wieder stockende Unterhaltung bei der Tafel im Steinernen Saal in Gang kam. Die vergoldeten Hirsch- und Elchköpfe schauten mit ihren immensen Geweihen auf uns herunter, was mir einen besonderen Eindruck machte, da ich so etwas noch nie gesehen hatte. Trotzdem wich auch hier das Unbehagen nicht. Es war ein zu großer Gegensatz zu unserem hellen, in einer ungemein freundlichen Gegend gelegenen Haus auf den Höhen von Wachwitz. Einige Jahre später kamen wir, nachdem unser Vater König geworden war, wieder an diesen Ort. Papa eröffnete uns im Schloß zu Dresden: ›Heute fahren wir auf dem Schloßteich von Moritzburg Schlittschuh. Habe den Schnee wegfegen lassen, damit wir eine gute Bahn haben. Im Schloß habe ich das Parterre-Zimmer heizen lassen, wo es warmen Punsch und Streuselkuchen gibt.‹ Mit Tante Mathilde ging es in zwei viersitzigen Schlitten aus der Stadt hinaus. Kaum erreichten wir die Boxdorfer Höhen, als uns ein unbarmherzig eisiger Wind ins Gesicht wehte. Wir versenkten uns in die dicken Pelzdecken. Auch auf dem Schloßteich pfiff es, so daß die Schneeschleier in Wellen über das Eis zogen. Papa mit seiner hohen schwarzen Pelzmütze, die Hände im Muff, fuhr mit der ihm eigenen Beharrlichkeit recht schöne Bogen, während die Tante mit gewohnter Wucht voranstürmte, wobei kleine Eisstücke um sie her flogen, die sie aus der Seedecke lossprengte. Sie war über die von ihr erzielte beachtliche Geschwindigkeit von Herzen erfreut. Nach der willkommenen Stärkung ging es wieder im Schlitten nach Hause. Diesmal war es erträglicher, denn wir hatten den Wind im Rücken, so daß wir uns nicht so tief in die schwarzen Lammfell-Fußsäcke, die man bis zum Knie hinaufziehen konnte, versenken mußten.«

Schloss Moritzburg hat seine Türen offen: Die königlichen Räume können besichtigt werden, auch der Bankettsaal und die Geweihe bis hin zum berühmten 66-Ender. Es ist möglich, im Schloss sich offiziell zu vermählen. Der Standesbeamte traut vor Ort. Eine Ausstellung zeigt Filmkulisse und Kostüme, Wagemutige können in die Kleider schlüpfen und ein Foto schießen. 2014 wurde Aschenbrödels Kleid gestohlen. Die öffentliche Fahndung und das Überwachungsvideo ließen die Diebe nach zwei Monaten das geraubte Gut zurückschicken. Absender: keiner. Die Filmmusik hat es in die Hitparaden geschafft: »Küss mich, halt mich, lieb mich! Ein Prinz, der sein Leben, sein Herz für mich gibt. Ein Kuss, der die Nacht und den Zauber besiegt. Küss mich, halt mich, lieb mich!« Märchenhaft.

ⓘ Schloss Moritzburg: Schloßallee, 01468 Moritzburg

Moritzburger Gold – Eine Rezeptreportage

Ja, dann wollen wir mal, sagt Frau Wirtin Hetti und reicht mir einen Eimer. Ich hatte mit diesem schnellen Aufbruch gar nicht gerechnet, zwangen mich doch nur ein vorheriges Unwetter ins Lokal rein und Hunger. Klein und bescheiden steht der Gasthof an der Ortsdurchfahrt, und des Abends kommen dahin die Männer zum Skat. Wütend über Unwetter und Dorfkneipe bestellte ich einen Schnaps und verlangte die Karte. Der Spieltisch prostete mir freundlich herüber, ich lächelte nicht. Provinznest, dachte ich, bis ich die Speisekarte durchblickte, die mir Frau Wirtin Hetti darreichte. Als Spezialität des Hauses fand ich Moritzburger Gold aufgezeichnet. Watt'n das, fragte ich. Ein Fischgericht her vom Schlosse, antwortete Frau Wirtin Hetti, und ihre Züge glätteten sich, als ich mich nach der Rezeptur noch erkundigte. Aber, so sagte sie, so einfach ist dies wiederum nicht, ich werde Ihnen die Geschichte erzählen. Und so begeben wir uns jetzt vor dem Essen noch hin zum Moritzburger Schlossteich, an dem alles begann vor Jahren. Vor Jahren, sagt Hetti, vor Jahren. Und mir scheint, dass Hetti ein wenig dieser Zeit nachtrauert.

Das Unwetter hat sich hinweggezogen, und strahlend versinkt die abendgerötete Sonne hinter dem Wald. Es wird viel hier gewandert auf geschichtlichen Spuren, sagt Frau Wirtin Hetti, unser König hat sein Moritzburg immer geliebt. Viele kommen und begeben sich auf seine Wege und jagen das Wild. Aber viele der Spuren sind heute verwischt, fort, nicht konserviert, auf ihnen eben kann keiner mehr wandeln, einfach weil sie nicht einer mehr kennt. Nein, die Geschichte des Moritzburger Goldes darf nicht der Vergessenheit anheimfallen, versichere ich, ich werde die Rezeptur dieser famosen Spezialität aufzeichnen. Deswegen wandern wir ja, sage ich hin zur Frau Wirtin Hetti. Aber Frau Wirtin Hetti schweigt und schaut zur golddunklen Sonne. Vor Jahren, seufzt sie, vor Jahren, vor Jahren.

Frau Wirtin Hetti hält immer wieder mal inne, und ich vermute, gesundheitliche Gründe können nicht dafür stehen. Vielleicht hofft auch sie wie Jungfer Alfrun vor Jahren, Gold, irgend Gold im Walde zu finden. Alfrun war hin zur edelschönen Jungfer gereift, aber ansonsten fehlte jegliches Kapital ihr. Die Eltern waren sehr arm, ihrer Hände viele Arbeit nährte nicht die große Familie. Und Alfrun als Älteste musste mittun, Pilze aufspüren, Beeren absammeln, Holz für den Ofen heimbringen, dass er Geschwister und Eltern wärme. Nun war ein jegliches Entwenden aus kurfürstlichen Wäldern verboten, Alfrun wusste dies, die Eltern hatten sie mehrfach und stets immer wieder darauf verwiesen. Doch auf Alfruns mitgebrachtes Zubrot aus dem Verbotenen konnten sie nicht verzichten. Manches Mal gar schickten sie eines der Geschwister hinterdrein, auf dass sie noch mehr heimtragen können. Und es blieb nicht aus, was kommen musste.

Jungfer Alfrun saß sinnend am Teiche und blickte hinüber zum Schlosse mit seinen Zinnen. Das nun war allerstrengstens untersagt allen Sachsen, nicht gern zeigte sich die königliche Familie privat. Und Jungfer Alfrun erblickte ihn, ihren Prinzen. Auf weißem Rosse preschte er aus dem Tore. Jungfer Alfrun bemerkte mit Bangen, dass der Prinz hin den Weg nah an ihr vorbei einschlug. Sie musste sich bergen in hohem Gebüsch, sollte er sie nicht bemerken. Und das durfte er keines Falles, denn drohte doch bei Entdeckung Strafe und Folter, gar grässlicher Tod. Jungfer Alfrun schob sich Haselnusszweige und Blätter von Schilf vor das liebwürdige Antlitz und blickte verzagt auf alles Kommende. Der Prinz ritt stürmend vorbei, und nur kurz erhaschte Alfrun einen Augenblick hin zum Thronfolger. Aber dieses eine huschende Sehen hat es getan, Jungfer Alfrun hatte sich unsterblich in diesen reitenden Jüngling verliebt. Und als hätten beider Herzen gesprochen, blickte der Prinz noch einmal zurück, konnte aber die Alfrun nirgendwo entdecken. Das Schilf barg sie gut.

Vor Jahren, seufzt Frau Wirtin Hetti, vor Jahren hat Jungfer Alfrun an jenem Platz hier gesessen. Es ist eine kleine Bucht des Teiches noch immer vom Schilf umwachsen. Und über das Wasser hin zeigt meine Rezeptführerin die malerische Sicht zum Schloss auf der Insel. Wir setzen uns hin auf einen Stein und Frau Wirtin Hetti weist mit der Hand auf die kleinen Pflänzchen dorten im Nass. Das sind Wasserlinsen, sagt Frau Wirtin Hetti, und beim Anblick dieser Wasserlinsen hat Jungfer Alfrun gedacht: Wäret all ihr Linsen doch Gold, denn mit all dem Golde wäre ich reich, und könnte meinem Prinzen hin vor das liebliche Auge wohl treten. Aber ach, seufzte Alfrun, ach, ach, ich bin arm, und den Prinzen werde ich niemals mehr wiedersehen. Und auch Frau Wirtin Hetti seufzt so beim Anblick der kleinen Pflänzchen im Teich. Und da springt ein Fisch hoch im Wasser, und mir scheint, als würde er zu uns hinblicken. Wart noch ein Weilchen, wart noch, höre ich sagen, und Frau Wirtin Hetti spricht weiter von Jungfer Alfrun, der unglücklich Verliebten. Wie wir saß Alfrun auf diesem Stein und wusste nicht weiter, denn Wasserlinsen sind niemals nicht Gold. Vor Jahren, vor Jahren sprang vor Jungfer Alfrun der Fisch aus dem Wasser und raunte ihr die Worte ans Ufer: Wart noch ein Weilchen, wart noch. Ich hatte sie eben aus Frau Wirtin Hettis Munde gehört, oder nicht? Alfrun wusste nicht, ob sie träumte, aber woher sie auch die Stimme hörte, sie wartete wirklich. Und der Prinz kam zurück ohne Gefolge, auch ihn hatte eine Ahnung befallen und er fand keine Ruhe. Dann sah er sie, die wunderschöne Jungfer auf diesem Stein. Er sprang vom Pferde, nahm die bebende Alfrun an beiden Händen und sagte Jungfer, ich werde dich freien. Noch ein Weilchen hielten sie sich bei den Händen, und Alfrun berichtete vom törichten Wunsche des Linsengoldes und den Worten des Fisches. Sie scherzten und lachten, hatten beide ihr Glück gefunden. Später ritten sie zusammen ins Schloss. Noch einen Blick zurück auf den Teich warf das Mädchen. Und nochmals sprang ein Fisch aus dem Wasser, vielleicht wedelte er gar mit seinem Schwanze. Oh danke liebes, liebstes Fischlein, ich werde dich immer in Ehren halten, sprach Jungfer Alfrun. Sie ehrte sie wirklich und ward auch dem Land eine gute Regentin.

Seit diesem Geschehen, berichtet Frau Wirtin Hetti nun weiter, werden in Moritzburg Karpfen gezüchtet. Aber vor Jahren, als Königin Alfrun noch lebte, durften sie niemals nicht gespeiset werden. Nach Alfruns Tod aber saß der König trauernd am Orte ihrer ersten Begegnung und gedachte vergangener Zeiten. Da plötzlich sprang ihm ein Fisch in den Schoß. Ich habe lange gewartet, sagte der Fisch, und ich wollte die Ehre von Königin Alfrun genießen, auch ich liebte sie, aber nun iss mich, ohne euer tägliches Glück vermag ich nicht mehr zu leben. Der König verwahrte sich ernsthaft, seines Glückes Schmied kann man nicht essen. Aber der Fisch bestand auf dem Wunsche, und dadurch wäre ein bisschen von eurem Glück wieder bei Euch, mein König, meinte er noch. Schweren Herzens trug ihn der König zu seinen Köchen. Briet nun der Fisch schon, so sollten ihm Wasserlinsen an die Seite gegeben werden. Denn der Wunsch Alfruns, dass sie zu Gold würden, war der Beginn ihres Wartens und somit ihrer Liebe gewesen. Und deshalb, mein Freund, ist das Moritzburger Gold gebratener Karpfen mit Linsen. So oft der König an dieser Stelle weilte, stets sprang ihm ein prächtiger Karpfen hin in den Schoß, und der König kam täglich.

Ja, und nun werden wir unsere Zutaten holen, spricht Frau Wirtin Hetti und schöpft mit dem Eimer das Wasser und breitet danach ihr Kleid wie Sternthaler aus jetzt am Seeufer. Und ein prächtiger Karpfen springt ihr wirklich hinein, Frau Wirtin Hetti streichelt ihn kurz und sagt, das tun die Karpfen nur an dieser einzigen Stelle des Teiches. Und sie tun es auch nur bei den Leuten, die die Geschichte wohl kennen und sie ehrend im Gedächtnis bewahren. Und nun geht es heim, junger Freund. Frau Wirtin Hetti ist bereits weit mir voraus, ich bemühe mich, nicht allzu viel vom kostbaren Seewasser überschwappen zu lassen. Und trotzdem sind meine Hosenbeine nass, als ich ankomme.

Für eine Portion verwendet man 120 Gramm Linsen, sagt Frau Wirtin Hetti dann in der Küche. Die Linsen werden am Tage vorher im Seewasser geweicht. Ich habe stets hier bei mir einen Eimer voll stehen, und du stellst den deinen gleich hinter die Spüle. Diese Wasserlinsen köcheln wir mit angedünsteten Zwiebeln, bis sie gar, aber noch bissfest wohl sind. Dann fügen wir dem königlichen Gericht Schlagsahne zu, was sein muss, muss sein, die Schlagsahne lassen wir einkochen. Das alles würzen wir mit Salz, frischem Pfeffer und einem Schuss Essig. Und über unsere Linsen geben wir Schnittlauch, ein Grün, das an die wirklichen Wasserlinsen erinnert.

Auf der anderen Flamme hat Frau Wirtin Hetti bereits den ausgenommenen Karpfen gebraten, sie hat das Filet gewürzt und im Mehle gewendet. Es ist golden und knusprig gebraten, Moritzburger Gold eben. Zusammen mit den Linsen richtet sie beides auf einem Teller mit Goldrand. Eine wahrlich sehr güldene Speise. Dazu reicht Frau Wirtin Hetti nun einen Weißwein aus Meißen. Und finden Sie nicht, dass auch er golden glänzt? Und jetzt, junger Freund, essen Sie im Angedenken der seligen Alfrun und ihrem Prinzen, wohl bekommt's. Aber Frau Wirtin Hetti, wag ich zu fragen, Sie glauben doch nicht ernstlich, dass ein bitterarmes Kind einen König zum Mann kriegt. Das ist doch ein Märchen. Na, na, junger Freund, Königshäuser sagen nicht alles jedem, wissen Sie, lächelt Frau Wirtin Hetti, wissen Sie, ob Lady Diana wirklich von fürstlichem Blut war?

ⓘ Gasthaus Naumann: Bärnsdorfer Hauptstraße 33, 01471 Radeburg

Stacheldraht mit belgischem König

Zwei Stunden von Meißen liegt das uralte Schloß Hirschstein auf einem mehr als 50 Ellen hohen freistehenden Felsen dicht an der Elbe. In der Nähe desselben hielt einst in der Mitte des 11. Jahrhunderts ein Markgraf von Meißen eine große Wildhetze, bei welcher die Jäger mehrere Tage lang einen wunderschönen weißen Hirsch vergeblich verfolgten. Endlich erblickten sie ihn wieder, da stürzte er sich von einem ihren Augen bislang entgangenen Felsen in die Elbe herab, und beinahe hätte die Begierde, ihn zu fangen, mehrere der vornehmsten Waidgesellen mit in den Abgrund gerissen. Zum Andenken erbaute man hier ein Jagdhaus, der Hirsch-Stein genannt, das anfänglich nur dazu diente, um den Markgrafen durch die reizende Aussicht in das Elbthal zu ergötzen.«

Der Dreißigjährige Krieg zerstörte die Burganlage. Auch wenn das heutige Schloss wie eine mittelalterliche Anlage anmutet: Es entstand im 17. Jahrhundert. Das Hauptgebäude wurde über einem keilförmigen Grundriss errichtet, Schlossflügel begrenzen den Innenhof. Dominiert wird dieser von einem wuchtigen Turm mit barocker Haube. Die Innenräume wurden mehrmals verändert. Nach dem Zweiten Weltkrieg wurde Schloss Hirschstein als Kindersanatorium und Reha-Klinik genutzt. Während der Zeit des Faschismus war es Gefangenenlager der SS: Die Königliche Familie Belgiens war hier interniert.

Noch am 21. Juli hatte Reichskanzler Adolf Hitler König Leopold III. von Belgien (*1901; †1983) zum Nationalfeiertag beglückwünscht. »Als deutsche Truppen an den Grenzen zu Belgien, Luxemburg und der Niederlande aufmarschierten, schickten Leopold und die niederländische Königin Wilhelmina (*1880; †1962) Hitler ein Telegramm, in dem sie ihm ihre Dienste bei einer Friedensvermittlung anboten, bevor der Krieg in Westeuropa in seiner ganzen Gewalt beginne.« Hitler ignorierte das Angebot und besetzte die Länder. Unter Druck und gegen den Willen der belgischen Regierung kapitulierte der König. Seine Beweggründe sind bis heute unklar. In der Heimat und bei den Alliierten wurde es als Verrat und egoistische Absicherung der eigenen Macht empfunden. Doch auch die Deutschen misstrauten dem König und setzten ihn samt seiner Familie im Schloss Laeken bei Brüssel unter Hausarrest. Allerdings besaßen die Arretierten enge verwandtschaftliche Beziehungen zum italienischen Königshaus – die Behandlung der Familie geriet zur diplomatisch diffizilen Angelegenheit. Am 19. November 1940 empfing Adolf Hitler den belgischen König doch auf dem Obersalzberg. Dort erhoffte Leopold III. Erleichterungen für sein Volk, bat um die Unabhängigkeit seines Landes und die Heimkehr der belgischen Kriegsgefangenen. Sämtliche vorgetragenen Forderungen lehnte Adolf Hitler ab. Das Regime setzte daraufhin den frischverheirateten Leopold III. mit Gattin Mary Lilian Baels (*1916; †2002) und den Kindern aus erster Ehe Josephine Charlotte (*1927; †2005), Baudouin (*1930; †1993), Albert (*1934) und dem Neugeborenen Alexandre (*1942; †2009) sowie hohe Staatsbedienstete in Haft. Um eine Flucht unmöglich zu machen, suchte die SS geeignete Räume und beschlagnahmte mit Schreiben vom 20. September 1943 »im öffentlichen Interesse für einen hohen Staatsgefangenen und dessen Gefolge zu Gunsten des Höheren SS- und Polizeiführers Elbe« Schloss Hirschstein. Der Eigentümerin wies man anderen Wohnraum zu, die dort eingelagerten Bestände der Landesbibliothek und weiterer wissenschaftlicher Sammlungen verlagerte man auf die Burg Kriebstein. »Am 7. Oktober 1943 wurde zur Sicherung des Schlosses, das den Decknamen ›Haus Elbe‹ erhielt, ein SS-Sonderkommando abgestellt. Ferner wurden 150 Häftlinge – fast ausschließlich Italiener – aus dem Konzentrationslager Dachau nach Hirschstein verlegt und dort in Scheunen und Ställen in der Umgebung untergebracht.« Die KZ-Häftlinge bauten die Räume um und verstärkten die Befestigungsanlagen. Zunächst wurde König Leopold III. nach Hirschstein überstellt, im Juni 1944 folgte ihm seine Familie. Die Gattin erinnerte sich: »So geht die wilde Jagd im Auto drei Stunden lang, bis wir auf einen Strom stoßen und noch einige Kilometer längs des Flußlaufes fahren, über dem sich am Himmel die Umrisse eines mächtigen Felskegels abzeichnen, auf dem eine alte Burg thront und die Straße beherrscht. Unsere Wagen passieren drei Straßensperren mit Stacheldrahtverhauen, bevor sie in den Burghof rollen, dessen Tore sofort wieder von bewaffneten Wachen hinter uns geschlossen und verriegelt werden.« Das Gefängnis verhinderte jeden Kontakt, nur die Kinder durften im Garten vor den Mauern spielen. Ein geschmuggeltes Radio ließ nur deutsche Sender hören. Die Inhaftierten waren von der Außenwelt abgeschnitten. Am 7. Mai 1945 erreichten Soldaten des 106. US-Kavallerie-Bataillons Hirschstein, befreiten die königliche Familie und nahmen die SS-Wachen gefangen. Die Befreiten wurden mit Ehrengeleit nach Appesbach am Wolfgangsee eskortiert, dort nahm der König auch wieder offizielle Funktionen wahr. Im Oktober 1945 übersiedelte Leopold III. mit Familie nach Pregny in der Schweiz. Eine Rückkehr ins Heimatland war aufgrund seiner umstrittenen Rolle während der deutschen Besatzung unmöglich.

ⓘ Schloss Hirschstein: Schloßstraße 12, 01594 Hirschstein

Künstlerin im Prinzenbett

Nach seiner Abdankung zog Sachsens König Friedrich August III. (*1865; †1932) auf sein Privatgut Sibyllenort bei Breslau. Jedoch hatte er nicht im Namen seiner (männlichen) Nachkommen auf den Thron verzichtet. Sein ältester Sohn Georg (*1893; †1943) verbrachte die Zeit der Revolutionswirren auf Schloss Neschwitz in der Oberlausitz und beschloss in der Wallfahrtskirche Rosenthal, sein weiteres Leben Gott zu widmen. Bruder Georg arbeitete am Berliner Canisius Kolleg und setzte sich für die Ökumene ein. Beim Schwimmen im Groß Glienicker See verstarb er im Sommer 1943. Nach Wochen wurde seine Leiche erst gefunden. Die Diagnose der Pathologen: Herzinfarkt. Georgs im selben Jahr geborener Bruder Friedrich Christian (*1893; †1968) schlug traditionsgemäß zunächst eine militärische Laufbahn ein. Nach dem Kriege studierte Friedrich Christian Rechtswissenschaft. Der jüngste Prinz Ernst Heinrich (*1896; †1971) befehligte 1918 den Rückzug der ihm unterstellten Truppen in die Heimat. Auf Wunsch seines Vaters verhandelte er mit den Vertretern der neuentstandenen Republik den finanziellen Ausgleich. 1924 waren die Eigentumsansprüche des Königshauses geregelt. »Auf der Basis dieses Vertrages und eines Übereinkommens zwischen Prinz Friedrich Christian von Sachsen und seinem jüngerem Bruder Prinz Ernst Heinrich von Sachsen erhielt Letzterer das Wohnrecht in Moritzburg, während Prinz Friedrich Christian von Sachsen den Königsweinberg in Dresden-Wachwitz übernahm und dort auch 1934–36 sein Haus Wachwitz erbauen ließ. Zunächst bewohnte Prinz Ernst Heinrich Schloß Moritzburg nur im Sommer, zog im Frühjahr 1937 jedoch für dauernd in diese traditionsreiche Residenz der Wettiner.

Dort konnte er bis zu seiner Flucht 1945 schöne, erfolgreiche, aber auch arbeitsame Jahre zusammen mit seinen Angehörigen verbringen, wie er in seiner Biographie mehrfach zum Ausdruck bringt.« Den nationalsozialistischen Machthabern stand Prinz Ernst Heinrich kritisch gegenüber und pflegte nur die gesellschaftlich notwendigen Kontakte. Reichsjägermeister Hermann Göring (*1893; †1946) und Reichsstatthalter Martin Mutschmann (*1879; †1947) besuchten mehrmals in ihrer Funktion Prinz und Moritzburger Wälder. Den natürlichen Tod seines Bruders Georg hat Ernst Heinrich stets bezweifelt. Doch blieb der Prinz bei Volk und Prominenz beliebt. Illustre Gäste aus Kunst, Kultur und Adel weilten bei ihm auf Schloss Moritzburg.

Im Kriegsjahr 1943 lernte Ernst Heinrich in ihrer Berliner Wohnung die greise Künstlerin Käthe Kollwitz (*1867; †1945) kennen, die mit ihren Werken soziale Missstände angeprangert hatte. »Das eigentliche Motiv aber, warum ich zur Darstellung fast nur das Arbeiterleben wählte, war, weil die aus dieser Sphäre gewählten Motive mir einfach und bedingungslos das gaben, was ich als schön empfand. Schön war für mich die Großzügigkeit der Bewegungen im Volke. Erst viel später erfasste mich mit ganzer Stärke das Schicksal des Proletariats. Ungelöste Probleme, wie Prostitution, Arbeitslosigkeit, quälten und beunruhigten mich und wirkten mit als Ursache dieser meiner Gebundenheit an die Darstellung des niederen Volkes, und ihre immer wiederholte Darstellung öffnete mir ein Ventil oder eine Möglichkeit, das Leben zu ertragen.« Die Kollwitz beeindruckte Prinz Ernst Heinrich mit Persönlichkeit, Haltung und ihrem Werk. »Wenig später schickte die Kollwitz eine Mappe mit Zeichnungen nach Moritzburg, um sie vor den Luftangriffen in Sicherheit zu bringen. Ihr Sohn schafft ein Dreivierteljahr danach weitere Mappen mit 184 Handzeichnungen, Lithographien, Radierungen und Holzschnitten sowie eine Gipsplastik zur Aufbewahrung dorthin.« Falls eine Flucht notwendig sei, wurde vereinbart, sollte Prinz Ernst Heinrich die Kunstwerke mit nach Sigmaringen nehmen. Wahrscheinlich hat man bei diesem Treffen auch besprochen, dass Käthe Kollwitz nach Moritzburg übersiedeln sollte, um den Kämpfen in Berlin zu entgehen. »Mittels seiner guten Verbindungen zum Roten Kreuz organisierte Prinz Ernst Heinrich schließlich den Transport der Kollwitz, wo sie am 20. Juli 1944 eintraf. Sie bewohnte im Rüdenhof im ersten Stock ein Eckzimmer mit Blick zum Schloss und ein Zimmer mit Balkon. Am 22. April 1945 verstarb sie dort mit 77 Jahren, kurz bevor die Rote Armee am Zufluchtsort einmarschierte. Übrigens in dem Bett, in dem schon König Georg gestorben war und das Ernst Heinrich aus den Beständen des Schlosses ausgesucht hatte, um die Zimmer im Rüdenhof zu möblieren.« Von der Einrichtung sind Nachttisch, Tagebuch und eine Büste von Johann Wolfgang von Goethe erhalten geblieben. Heute erinnert ein Museum. »Ich bin einverstanden damit, daß meine Kunst Zweck hat. Ich will wirken in dieser Zeit, in der die Menschen so ratlos und hilfsbedürftig sind.«

ⓘ Käthe-Kollwitz-Haus: Meißner Straße 7, 01468 Moritzburg
Schloss Moritzburg: Schloßallee, 01468 Moritzburg
Schloss Wachwitz: Wachwitzer Weinberg 15, 01326 Dresden

Die Wälder des verlorenen Schatzes

Das Moritzburger Waldgebiet erstreckt sich in seiner Nord-Süd-Ausdehnung von Steinbach und Bärwalde bis Radebeul und Reichenberg. In der Ost-West-Ausdehnung von Bärnsdorf und Volkersdorf bis Oberau und wird von allen Seiten von der Feldflur beziehungsweise den Ortschaften begrenzt. Dem Wuchsgebiet Dresdner - und Lausnitzer Heide zugehörig, lässt sich der Moritzburger Wald auch als Wuchsbezirk Moritzburger Hügelland bezeichnen. Im südöstlichen Teil des Reviers nahe der Stadt Coswig lässt sich der Wald schon dem milderen, regenärmeren und weniger exponierten Wuchsbezirk Elbtallandschaft zuordnen. Die Höhen über NN liegen zwischen 124 und 207 Metern. Das Mittel der Jahresniederschläge lag im Revier bei 650 mm.«

Bereits Kurfürst Moritz (*1521; †1553) erkannte das Gebiet als ideal für Jagd und Erholung und ließ als Domizil die Dianenburg bauen. Sein Nachfahre Johann Georg IV. (*1668; †1694) ließ darum herum einen Tiergarten anlegen: Die steinerne Mauer des Friedwalds verhinderte eine Flucht des Wildes und garantierte dem Hofadel und später der Staatsdiplomatie eine erfolgreiche Jagd. Unter August dem Starken wurde das Schlösschen zum Schloss ausgebaut und nannte sich fortan Moritzburg. »Wie oft erschallte damals der Wald von dem fröhlichen Hurrahussa der fürstlichen Jäger und ihres Gefolges, von dem lustigen Trara des Jagdhornes und dem lauten Gekläff der das Wild hetzenden Meute! Mit reicher Jagdbeute beladen, kehrten dann die fürstlichen Nimrode heim aus den weiten Jagdgründen, die damals zahlreiche Hirsche, Rehe, Schwarzwild und selbst den grimmen Auerochsen beherbergten.«

Für Sachsenprinz Ernst Heinrich (*1896; †1971) wurde Schloss Moritzburg 1937 ständiger Wohnsitz. Hitlerdeutschland verlor den Zweiten Weltkrieg, von Osten nahten die Truppen der Roten Armee. Im Schloss beschloss die königliche Familie die Flucht, doch war nicht alles, was der Mitnahme lohnte, mitzunehmen. Am 10. Februar 1945 vergruben Ernst Heinrichs Söhne Dedo (*1922; †2009) und Gero (*1925; †2003) mit Hilfe des Revierförsters Augustin Mandel 43 Kisten voller Werte und Preziosen im Friedewald. Zeugen wissen, dass noch mehr zwischen den Bäumen vergraben wurde: ein Nazischatz. Da war »ein langer Geheimgang zum Schlosskeller, voller Kisten und Gemälde. Mein Onkel sagte, sie seien von Gauleiter Koch aus Königsberg. Und Mutter erzählte, dass man alle Gefangenen, die Kisten in den Gang schleppten, ermordete.« Prinz Ernst Heinrich verließ Sachsen im März 1945 Richtung Sigmaringen. Vom Schatz der Wettiner wusste vor Ort nur Revierförster Mandel. Unter Folter gab er die Verstecke preis. Die Besatzer gruben den Großteil davon aus und verbrachten die Werte nach Leningrad, wo Einzelstücke, wie das Taufbecken Augusts des Starken, heute in der Eremitage ausgestellt sind. Vermutet wird, das mehr noch der Wettiner Schätze in den russischen Depots hinter gut gesicherten Türen lagern.

Manch einer wusste, manch einer ahnte, dass im Moritzburger Wald noch mehr Schätze verschwanden. Heerscharen von Suchern, Interessierten und professionellen Schatzgräbern durchkämmten fortan den Forst. Und tatsächlich: »Drei Kisten des Wettiner Schatzes waren an anderer Stelle vergraben worden und sind deshalb den Rotarmisten nicht in die Hände gefallen. Sie moderten in einem Meter Tiefe seit Jahrzehnten vor sich hin und wurden im Oktober 1996 von Hanno Vollsack (*1965) und Claudia Marschner (*1971) mit einem Metallsuchgerät entdeckt. Zwei Tage lang rangen die Schatzsucher mit ihrem Gewissen. Dann räumten sie eine Münzsammlung, eine Blütenschale des Dresdener Hofjuweliers Johann Melchior Dinglinger (*1664; †1731) aus purem Gold, 130 Teile des Tafelsilbers Augusts des Starken, ein Salzfäßchen und den Orden des Goldenen Vlieses vom Wohnzimmertischchen und marschierten blutenden Herzens zu Dirk Syndram (*1955). Der Direktor des Dresdener Grünen Gewölbes, der ehemaligen Königlichen Schatzkammer, erkannte rasch, was er da vor sich hatte: die ersten Stücke eines Jahrhundertfundes. Sein Gesamtwert wird auf zwölf Millionen Euro geschätzt. Schade nur, daß auch der Schatz der Wettiner fluchbeladen ist – modern gesagt, es warten jede Menge Querelen. Denn womit Landesarchäologen nun liebäugeln, drohen die adligen Eigentümer, die Wettiner, in ihren Gemächern verschwinden zu lassen – wenn ihnen der Freistaat Sachsen nicht endlich ihr Dresdener Stadtschlößchen Wachwitz zurückgibt, um das sie seit der Wende kämpfen. ›Wenn wir uns nicht einigen, räumen wir irgendwann die Museen leer‹, sagte der Anwalt des Hauses Wettin. Der Mohrenkopf-Pokal des Nürnberger Goldschmieds Christoph Jamnitzer (*1563; †1618) aber ›würde wunderbar in unsere Sammlung passen‹, schwärmte dagegen Dirk Syndram. Von diesen Schwierigkeiten ahnten die Schatzsucher freilich nichts, als sie sich bei Nacht und Nebel mit dem Metalldetektor in den Moritzburger Wald aufmachten. Hanno Vollsack und Claudia Marschner wurden zu einer Geldstrafe verurteilt, erhielten jedoch von Königs Nachfahren Finderlohn.« 1997 präsentierte man die wiedergefundenen Schätze in einer Ausstellung im Georgenbau des Dresdner Residenzschlosses der Öffentlichkeit. Danach wurde ein Großteil des Schatzes versteigert. Der Mohrenkopf-Pokal kann heute im Bayerischen Nationalmuseum in München betrachtet werden.

ⓘ Grünes Gewölbe im Dresdner Residenzschloss: Taschenberg 2, 01067 Dresden
Georgenbau: Schloßstraße 1, 01067 Dresden

»Eener von uns!«

Aber schön fand ich es, dass sie dich Landesvater, mich Landesmutter genannt haben! Sie wollten sogar, dass wir König werden«, sagt rückschauend Ingrid Biedenkopf (*1931) zu den Reportern. »Ich selbst habe mir das nie zu eigen gemacht«, meint darauf ihr Mann. Aber die Sachsen haben ihren Regenten liebevoll »König Kurt I. Biedenkopf« (*1930) genannt, und seine Frau war die »Königin«. Das ließ man den verehrten Ministerpräsidenten a. D. auch spüren und feierte zu seinem 80. ein Fest. »Wie schön, dass du geboren bist, wir hätten dich sonst sehr vermisst!« In Begleitung von zehn Enkeln des Geburtstagskindes versuchte da der Musikant, den Saal zum Mitsingen zu animieren. Das taten die Gäste und klatschten, und je später der Abend desto monarchischer benahm sich der Jubilar. Der Berichterstatter meinte: »Zwar wirkt manche Ergebenheitsadresse im stundenlangen Defilee übertrieben, einzelne Gratulanten tragen selbst bedruckte T-Shirts mit Fotos von ihren Begegnungen mit Kurt Biedenkopf, aber tatsächlich hat dieser viele geprägt, die in der sächsischen Union Verantwortung tragen. Der junge Bundestagsabgeordnete Michael Kretschmer (*1975), dem die Zukunft in Sachsens CDU gehört, sagt: ›Wenn von der Ausweitung staatlicher Leistungen um den Preis von Verschuldung geredet wird, zucken wir zusammen. Das haben wir bei Biedenkopf gelernt.‹ Um 22 Uhr 30 drängen Volk und Familie zu den Fenstern: Auf der anderen Elbseite wird ein Feuerwerk entzündet.« Das hat im Sachsenlande Tradition.

»Er ist eener von uns!«, sagten die Sachsen schon 1990. Denn von Geburt ist Kurt Biedenkopf Rheinländer, aber als Wirtschaftsprofessor hatte er bereits in ersten Wendetagen in Sachsen Wohnung genommen, um an Leipzigs Universität Vorlesungen zu halten. »Der ist gut, von dem können wir lernen!«, meinten da nicht nur die Studenten. Als Sachsens CDU ihn als Spitzenkandidaten der Partei aufstellte, erhielt Kurt Biedenkopf mit 53,8 die absolute Mehrheit. Seine berufliche Laufbahn hatte der 1930 in Ludwigshafen geborene Biedenkopf als Akademiker begonnen. Er leitete unter anderem von 1967 bis 1969 als bis dahin jüngster Rektor die Ruhr-Universität Bochum. Dann arbeitete der Professor in der Geschäftsführung des Waschmittelherstellers Henkel. Als Politiker debütierte Biedenkopf 1973. Helmut Kohl (*1930; †2017) ernannte ihn zum Generalsekretär und machte Kurt Biedenkopf zum »intellektuellen Aushängeschild« der CDU. Der bewährte sich in dieser Position als »brillanter Ideenlieferant und scharfsinniger Analytiker«. Doch geriet er zunehmend in Rivalität zu CDU-Parteichef Helmut Kohl. So wurde Kurt Biedenkopf Oppositionsführer in NRW. Mit ihm als Kandidat gegen Johannes Rau (*1931; †2006) erlitt die CDU jedoch 1980 schwere Verluste. Seine Parteikollegen kritisierten Biedenkopf als kühl rechnenden Technokraten, als politischer Taktierer erwies er sich als wenig erfolgreich. 1983 legte er den Fraktionsvorsitz nieder, vier Jahre später gab er auch den CDU-Landesvorsitz auf. Das politische Karriereende Biedenkopfs schien besiegelt. Die Auferstehung des Professors Kurt Biedenkopf fand im August 1990 statt: Auf Betreiben von Lothar Späth (*1937; †2016) wurde »Biko« als spektakulärer »Westimport« Spitzenkandidat der CDU bei der sächsischen Landtagswahl 1990 und gewann. »Die Rolle des absoluten Siegers spielte er mit Genuss. Erstmals konnte er ohne Korrektiv handeln. Kein Kanzler, der ihn an irgendetwas hinderte, kein Gegenspieler, der ihn ausbremsen konnte. Biedenkopf avancierte zum Star in der Sachsen-CDU. Selbst Pannen und Patzer konnten ihm nichts anhaben.« Beinamen wie »Alleinherrscher«, »Potentat« und »König« waren kaum scherzhaft gemeint und wurden als Scherz auch nicht verstanden. »Landesmutti« ließ sich Gattin Ingrid gern nennen und kümmerte sich mit eigenem Büro um die Belange ihrer »Landeskinder«. Die Geschichte hatte es wieder einmal bewiesen: »De Sachsen gennen nicht ohne.«

Bald rankten sich sagenhafte Geschichten um Privates, Machenschaften und politische Erfolge. TV-Magazine und Illustrierte berichteten. »Eener von uns!« – tatsächlich fand man in Sachsen familiäre Wurzeln des Ministerpräsidenten: »Großvater Hermann Biedenkopf (*1870; †1953) unterrichtete als Oberlehrer an Chemnitz' landwirtschaftlicher Schule. Mehrere Lehrbücher zu Ackerbau und Viehzucht entstammen seiner Feder.« Und Kurt Biedenkopf verehrt den großen Sachsen: »Bei Karl May (*1842; †1912) erinnere ich mich an den größten Verlust, der mir je widerfahren ist. Als wir 1945 über Nacht Schkopau verlassen mussten und von der Militärkommandantur nach West-Deutschland transportiert wurden, da durften wir nur einen einzigen Koffer mitnehmen. Meine gesamte Karl-May-Sammlung – etwa 30 bis 40 Bände – musste ich zurücklassen.« Da fühlen nicht nur Sachsen mit.

Kurt Biedenkopfs WG am Elbhang wird legendär: zwei Minister und fünf Staatssekretäre hausten da im ehemaligen Gästehaus der Stasi ob des Wohnungsmangels beim Ministerpräsidenten persönlich und wurden von Frau Ingrid Biedenkopf bekocht. Bald verstand sich die Landesmutti als »Internationale Botschafterin der sächsischen Küche« und veröffentlichte im Büchlein die Rezepte. Als das Gästehaus gekündigt wurde, hinterließen die Bewohner Schulden. Skandale gab es immer wieder um Kurt Biedenkopf privat zur Verfügung gestellte Steuermittel. Bereits Kurt Biedenkopfs 65. Geburtstag ließ sich der Freistaat 50.000 D-Mark kosten. Gab es Begünstigungen enger Freunde bei Vermietung und Grundstückskäufen? Den Druck von drei Bänden Biedenkopf'scher Memoiren unterstützte die Staatskanzlei mit 300.000 Euro, dieser Fall von staatlicher Subvention kam bis vor das Sächsische Verfassungsgericht. Aber einen König ficht so etwas nicht an.

Um das Schicksal seines Landes macht sich auch der aus dem Amt geschiedene Rentier Gedanken und kann sich der Meinung zu Entscheidungen seiner Nachfolger nicht enthalten. »Ich möchte auch nicht übermäßig in den Vordergrund drängen«, sagte Kurt Biedenkopf der Zeitung, »aber die Art und Weise, wie Herr Tillich zögert, Entscheidungen zu treffen, will ich wirklich nicht kommentieren. Ich höre nur von den Menschen, dass sie unzufrieden sind mit ihrer Lage in Sachsen.« Gattin Ingrid führt dann weiter aus: »Die Bevölkerung steht hinter uns, das hat sie immer getan. Sie spricht uns an auf die Probleme, sie geht auf uns zu!« Der amtierende Ministerpräsident Stanisław Tillich (*1959) trat nach dem Interview von seinem Amt zurück. Und, vernehmen die Sachsen, die Biedenkopfs wollen wieder im Sachsenlande Wohnsitz nehmen. Die Gäste seiner Feier zum 80. Geburtstag gingen 2010 nach stattgehabtem Fest nach Hause. »Auf dem Heimweg kamen einige am ›Fürstenzug‹ vorbei, dem größten Porzellanbild der Welt, das alle sächsischen Herrscher zeigt. Mit Friedrich August III., der 1918 abdankte, endet es. Noch.«

ⓘ Gästehaus: Schevenstraße 1, 01326 Dresden
 Staatskanzlei: Archivstraße 1, 01097 Dresden

Und ewig ziehen Fürsten

Es diskutierte und diskutierte die Baukommission, was mit der hundert Meter langen Mauer von Georgenbau bis Johanneum in Dresdens Mitte passieren sollte. Das Gebäude war ehedem der Stallhof gewesen, und auf dessen Rückfront hatte man mal einen in Kalkfarben gemalten Zug mit Reitern aufgetragen. Aber die Zeiten hatten das Bild verblasst und ruiniert, es war zum unübersehbaren Schandfleck geworden. Etwas Dekoratives sollte zum 800-jährigen Jubiläum der Wettiner-Herrschaft dem Brühlschen Palais gegenüber prangen, man schrieb die Wandmalerei aus. Nach drei Jahren erreichten die Kommission zwei Entwürfe: Sie entschied sich gegen den des Hofbaumeisters Bernhard Krüger (*1821; †1881) und gab den Vorzug dem Vorschlag des bislang nur Kunstkennern bekannten Historienmalers Wilhelm Walther (*1826; †1913). Dessen Idee: Die Fürstenreihe der Wettiner beginnend mit Konrad I. im Jahre 1089 bis hin in die Gegenwart in einem Demonstrationszug darzustellen. Das Ganze sollte einem Wandteppich mit Bildwirkerei ähneln, so zieren das Kunstwerk oben Nägel und unten hängen die Quasten. Blumen-, Blätter- und Fruchtgewinde bilden einen Rahmen. Eine Vielzahl von Details portraitiert die lange Reihe wettinischer Herrscher sehr individuell: Rosen liegen Minnesänger Heinrich dem Erlauchten zu Füßen. Friedrich der Streitbare trägt den Kurhut als Zeichen der verliehenen Würde. Vieldeutig und rätselhaft: August der Starke zertritt mit Pferdehuf die Rose. Hinter den Fürsten sichtbar dem Fürstenhause wichtige Personen wie Hofmarschälle, Kämmerer, auch Militärs und Volk. Einzig sprechend im Bild Georg Schmidt, jener Köhler der die entführten Prinzen Ernst und Albrecht durch seine Meldung rettete. Am

Schluss des Zuges reihen sich Prominente damaliger Gegenwart: Skulpteure, Maler, Architekten und der Künstler selbst.

Wilhelm Walther wurde 1826 als viertes Kind und einziger Sohn eines Jägers auf dem Erzgebirgskamm in Cämmerswalde geboren und wuchs im nahen Dörfchen Neuhaus auf. Bereits frühzeitig wurde sein malerisches Talent erkannt. Walthers Zeichenlehrer in Seiffen vervollkommnete das Können seines gelehrigen Schülers. Der wurde Dosenmaler, um sich 1843 an Dresdens Kunstakademie immatrikulieren zu lassen. Dort erhielt Wilhelm Walther unter anderem Unterricht von Gottfried Sempers und erlernte die Fertigung der künstlerischen Kratzputztechnik, des Sgraffitos. »Sgraffiti entstehen, indem verschiedenfarbige Putzschichten auf einer Wandfläche übereinander aufgetragen werden. Mit speziellen Eisenwerkzeugen, Nägeln oder Schlingen kratzt man sie im noch feuchten Zustand in unterschiedlicher Tiefe wieder ab, sodass die jeweils darunter liegenden Farbebenen zum Vorschein kommen. Wie bei der Freskomalerei werden die Sgraffiti trotz ihrer einfachen Motive und der klaren Linien vorher genau entworfen, weil sie rasch in den noch feuchten Putz gearbeitet werden müssen. Diese Technik lässt sie wie fragile Zeichnungen wirken, macht sie aber gleichzeitig robust und extrem witterungsbeständig.« Bald galt Wilhelm Walther als Meister dieser künstlerischen Technik und bekam Aufträge in aller Welt. Wohl deshalb entschieden sich Baukommission und Königshaus für ihn, zum 800-jährigen Jubiläum der Regentschaft der Wettiner ein solch langes Wandbild herzustellen. Fünf Jahre arbeitete Walther daran, studierte die Portraits der Herrscher in Dresdens Gemäldegalerie, fertigte eine 1:1-Studie in Karton. 1876 präsentierte sich der Wilhelm Walthers »Fürstenzug« und wurde Dresden sehenswerte Attraktion.

»Bereits um 1900 zeigten sich erhebliche, weitestgehend durch Einwirkung von Braun- und Steinkohleabgasen entstandene, Verwitterungsschäden. Die Erneuerung des Wandbildes wurde unumgänglich. Ein 1902 abgegebenes Angebot der Königlichen Porzellanmanufaktur Meißen, das Wandbild auf Fliesen zu übertragen, gab dem Projekt eine entscheidende Wende. Auf Vorschlag des technischen Betriebsleiters der Porzellanmanufaktur, Oberbergrat Dr. Heintze, wurden in den Jahren 1903 und 1904 Fliesen aus einem von ihm entwickelten neuen Werkstoff an Außenwänden der Manufaktur in Meißen angesetzt. Ein im Mai 1904 ausgeführtes Probebild befindet sich noch heute am Gebäude ›C‹ der Manufaktur. Die Finanzdeputation des Sächsischen Landtages bewilligte 1904 67.000 Goldmark zur Umsetzung des Projektes ›Fürstenzug‹, dem größten keramischen Wandbild der Welt. In den Jahren 1905 und 1906 wurden nach Originalkartons von Wilhelm Walther rund 23.000 Fliesen im Format 205 x 205 mm hergestellt. Die aus Seilitzer Erde, Löthainer Erde, englischer Porzellanerde, Feldspat und gemahlenen Porzellanscherben bestehende Masse wurde wie folgt verarbeitet: Aufbereitung der Massen, Trockenpressen, Glattbrand bei ca. 1.380 °C, Schleifen auf das genaue Maß, Spritzen der Grundengobe, weiterer Brand bei ca. 1.350 °C, Bemalung mit speziell entwickelten Scharffeuerfarben und abschließendem Brand bei 1.350 °C. Grundengobe und Scharffeuerfarben hatten die gleiche Grundzusammensetzung wie die Fliesen. Dies ermöglichte die bewiesene Witterungsbeständigkeit von Fliesen und Farbschichten.« Den »Fürstenzug« hatte 1876 der noch kleine Prinz Georg abgeschlossen, 1902 war er auf den Thron gekommen, doch 1904 verstorben. Der nunmehrige Regent Friedrich August III. verzichtete auf sein Konterfei im Fürstenzug: Er meinte, das Bild sei auch ohne ihn bereits historisch.

Zweifelsohne gehört der »Fürstenzug« Wilhelm Walthers zu Dresdens sehenswerten Attraktionen. Das Kunstwerk ist in großen und kleinen Ausführungen erhältlich mit Angaben zu Person und Material. Zu Festivals und Sachsentagen wird der Fürstenzug sogar lebendig. Manch einer, der da mitmarschiert, von dem wir im Buch erfahren haben.

ⓘ Fürstenzug: Augustusstraße 1, 01067 Dresden
Porzellanmanufaktur: Talstraße 9, 01662 Meißen

Hofgeschichten

Sie wollen mehr von Henner Kotte lesen?

Leseprobe aus **Populäre sächsische Irrtümer**

224 Seiten • gebunden
9,99 €
ISBN 978-3-95958-119-6

Geleitwort

Geschichte, Irrtümer und Sprache, das ist das feine Gebräu, aus dem der Autor Henner Kotte seine Melange zaubert. Kurzweilig, informativ, dazu ein Schuss Ironie und ein Tropfen Frechheit – schon liest sich dies Büchlein »fludschig« weg. Henner Kotte schreibt, wie er ist. Ungestüm, leidenschaftlich – und vor allem in angenehmem Deutsch. Angenehmes Deutsch, gut es soll ja auch Menschen geben, die lieben deutsche Schachtelsätze über zwanzig Zeilen, bei denen man am Schluss des Satzes schon gar nicht mehr weiß, warum er gebaut wurde, geschweige denn, was uns da jemand am Anfang schon nicht sagen wollte … Nein, das alles ist dem Wahlleipziger Wortfreund nichts. Er liefert sich der großen Gefahr aus, erkennbar zu bleiben, mehr noch, er will verstanden werden. Furchtbar, ja »forschbar«, wie der Sachse sagt, in der heutigen Zeit. Ich empfehle das Buch als wunderbare Bettlektüre, nach der ein jedes gelesenes Kapitel sanft wegschlummern lässt. Blutdrucksenkend im Abgang. Erheiternd und freundlich bei der geistigen Nahrungsaufnahme im Anfang. Und: Im Anfang war das Wort. Los geht's. Bilden Sie sich! Jetzt.

Herzlichst, Uwe Steimle

Sachsen, Niedersachsen, Angelsachsen sind ein Volk

Irrtum! *Aber* …

… diese Namen legen eine Verwandtschaft nah. Und vor über 1500 Jahren wäre ein gemeinsamer Ursprung auch auszumachen. Die alten Sachsen waren ein germanischer Volksstamm, der bis Mitte des 5. Jahrhunderts an der Nord- und Ostseeküste siedelte. Zu ihnen gehörten verschiedene Ethnien wie die Chauken, Ampsivarier, Angrivarer, Brukterer oder die Cherusker mit dem Helden vom Teutoburger Wald: Arminius. Erstmals erwähnte der Ägypter Ptolemäus (ca. 100– 160 n. u. Z.) das sächsische Volk und verortete es »nördlich der Elbe und südlich der kimbrischen Landenge«, die sich heute Schleswig-Holstein nennt. Somit entsprach ihr damaliger Siedlungsraum dem heutigen Norden Niedersachsens. Möglicherweise haben sich germanische Stämme aus kriegerischen Gründen zum Bund der Sachsen vereinigt. Denn vom Kampf her erklärt sich der Name: Das Scramasax war eine Hieb- und Stichwaffe, vergleichbar mit Messer oder Schwert. Eine Seite der Klinge war scharf geschliffen. Die ältesten Saxe stammen aus Skandinavien und wurden dort bereits im 4. Jahrhundert vor unserer Zeit verwendet. Der Sax-Gebrauch zog sich bis etwa zum Jahre 1000 hin. Dann verlor sich die Sitte, diese Schwerter den Kriegern ins Grab beizulegen, man war auf andre Waffenarten umgestiegen. Der Name Sachs jedoch erhielt sich bei den Kampfgenossen.

Durch Landnahme und Seeräuberei erweiterten die Sachsen in Gallien und Britannien ihre Einflusssphäre. Oft tauchte nun ihr Name in den Annalen auf, manche Historiker sehen sie als Vorfahren der Wikinger. Die Römer, um ihr Reich in Sorge, befestigten das Ufer am englischen Kanal und nannten es Litus Saxonicum – »Sächsische Küste«. »Die zahlreichen über See erfolgten Fahrten, die häufig genug von Erfolg gekrönt waren und schließlich zur Indienstnahme sächsischer Söldner in die römische Armee führten, machten den Namen der Sachsen als kühne, gefolgschaftlich organisierte Seefahrer auch bei ursprünglich nicht ihnen zugehörigen Bevölkerungsgruppen im Hinterland Britanniens derartig attraktiv, dass sie offenbar laufend Zuzug erhielten. Im modernen Sprachgebrauch würden sie als Trendsetter ihrer Zeit und ihrer Region bezeichnet werden.«

Mit anderen nordischen Stämmen wie den Angeln und den Jüten besetzten Sachsen im 5. Jahrhundert die von den Römern verlassenen Inseln der Kelten und gründeten unter anderem die Königreiche Wessex, Sussex und Essex – Westsachsen, Südsachsen und Ostsachsen. Das gesamte Britannien nannte man fortan auch nach den dort lebenden Angelsachsen. Das von vielen Sachsen verlassene Territorium auf dem Festland besiedelten die Friesen, mit denen auch die Angelsachsen Handel trieben. Für die Auswanderer war das nunmehrige Friesland ihr »Altsachsen«. Doch nicht alle Sachsen waren fortgezogen, so dass Niedersachsen seinen Namen rechtens trägt. Allerdings existiert kein Obersachsen, das »Nieder« leitet sich von Flussläufen wie Niederrhein und Niederlande ab.

Karl der Große (ca. 747–814) führte zur Vergrößerung seines Reiches die Sachsenkriege. Doch leisteten die Sachsen sehr aktiven Widerstand. Die Landnahme dauerte 33 Jahre und wurde sehr brutal geführt. In Verden an der Aller ließ der König angeblich 4500 Sachsen morden, weil sie sich der christlichen Taufe verweigerten. 804 war Nordelbien endlich erobert, und ein eigenes Stammesrecht, das Lex Saxonum, etabliert. Doch überlebten der Sachsen Selbstvertrauen und viele ihrer Eigenheiten. Nach dem Zerfall des Riesenreichs Karls des Großen kam das Volk erneut zu Einfluss und Macht. Ab 919 regierten reichsweit Sachsenkönige und -kaiser wie Heinrich I. und ihm nachfolgend die Ottonen. »Der Aufstieg und Erfolg der Sachsen von einem unterworfenen und zwangsmissionierten Volk hin zum führenden Reichsvolk innerhalb eines Jahrhunderts nach der Unterwerfung gehört zu den bemerkenswertesten historischen Entwicklungen des Mittelalters.« Unter Heinrich dem Löwen erreichte das Stammherzogtum Sachsen seine größte Ausdehnung und umfasste ganz Nordwestdeutschland bis hin zu Mecklenburg.

Nachdem Heinrich der Löwe (ca. 1130–1195) entmachtet worden war, zerfiel das große Sachsenreich, wurde verschenkt, vererbt und aufgeteilt.

1422, nach dem Aussterben der sächsisch-wittenbergischen Linie der Askanier, fielen das Herzogtum und die Kurwürde dem Markgrafen von Meißen zu. Mit der Machtübernahme Friedrich des Streitbaren war der Name Sachsen nunmehr den Wettinern und dem mitteldeutschen Lande eigen und vereinnahmte ein neues Volk. Um Verwechslungen vorzubeugen, legte Kaiser Maximilian 1512 für das »alte Sachsen« den »niedersächsischen Reichskreis« fest. In ihrem Sächsischen Stammbuch verwiesen die Wettiner auf eine Schar illustrer Vorfahren wie Alexander den Großen, Arminius und Widukind. Doch blieb sich das Wettiner Sachsenland nicht einig. Erbfolge und Kriege führten letztlich zum Freistaat, den wir heute Sachsen nennen.

Sachsen, Niedersachsen, Angelsachsen sind ein Volk – ein Irrtum also, aber nicht so ganz.

In Sachsen leben Sachsen

Irrtum! *Aber* …

… natürlich wohnen zunächst die Sachsen in Sachsen. Doch die Zahl der in Sachsen lebenden Ausländer stieg 2015 um 41 686 bzw. 35,6 Prozent. Dagegen ist die Zahl der Deutschen um 12 109 Personen bzw. 0,3 Prozent gesunken. Zum Jahresende 2015 hatte Sachsen damit einen Ausländeranteil von 3,9 Prozent.

Auch wenn es derzeitige Schlagzeilen vergessen lassen – Sachsen waren und sind stolz auf ihre aus fernen Ländern Zugezogenen und geben Verfolgten seit jeher Asyl: Nikolai Putjatin baute in Kleinzschachwitz, Gaetano Chiaveri die Kathedrale Dresdens. Canaletto malte. Edvard Grieg, Jon Leifs und Leoš Janáček, Artur Seymour Sullivan und Taki Rentarō, Mykola Lysenko und Dmitri Schostakowitsch, Stevan Mokranjac komponierten. Herbert Blomstedt, Fabio Luisi, Vaclav Neumann dirigierten. Charlotte Basté sang. Dostojewski schrieb und Casanova berichtete. Józef Ignacy Kraszewski verfasste die großen Sachsenromane. Wladimir Putin spionierte. Eine Ungarin wurde zur Gustel von Blasewitz. August der Starke liebte die Türkin Fatima Kariman. Der berühmte Hofnarr Fröhlich stammte aus Altaussee, Österreich. Schweizer erfanden den Sachsen die Sächsische Schweiz. Wissenschaftler aller Welt studier(t)en, lehr(t)en, forsch(t)en an Sachsens Universitäten. Ohne Ausländer wäre Sachsen nicht zu denken.

Aber nicht nur das Volk der Sachsen hat in Sachsen seine Heimstatt. In der Oberlausitz lebt neben Deutschen die nationale Minderheit der Sorben. Westslawen siedelten einst zwischen Oder und Dnepr. Im Zuge der großen Völkerwanderung zogen sie ins Land von Erzgebirge bis Ostsee. Die

Stämme trugen die Namen Lusici und Milceni. Der Stamm der Surbi wird vom fränkischen Chronisten Fredegar erstmals im Jahre 631 erwähnt. Unter Heinrich I. wurden die Sorben im Jahre 932 von den Franken unterworfen. Vielleicht ist dies Sage, aber alsbald sprach man vom Volk der Sorben. In Oberitalien siedelten in jener Zeit die Venedi. Ein Schreibfehler römischer Behörden machte aus allen ost- und südeuropäischen Ländern, die keinen eigenen Staat besaßen, die Wenden. So war die Doppelbezeichnung der Wenden/Sorben entstanden. Heute gibt es ungefähr 60 000 Menschen, die zum sorbischen Volke zählen. Sie leben in der Nieder- und Oberlausitz, zwei Drittel von ihnen im Dreieck der Städte Kamenz und Bautzen und Hoyerswerda. Zwölf Prozent beträgt ihr Anteil an der sächsischen Gesamtbevölkerung. Noch 1880 umfasste ihr Siedlungsgebiet weitere Teile südlich und östlich von Bautzen, und Trachten und Bräuche prägten das öffentliche Erscheinungsbild. Manches an Tradition hat sich erhalten. »Sprache ist Gottesgeschenk.«

Der Einfluss der Klöster Marienstern und Marienthal auf das umliegende Land sorgte dafür, dass sich in der Oberlausitz die sorbische Sprache weit besser erhielt als in der brandenburgischen Niederlausitz. Kruzifixe am Wegesrand und Marienbildnisse zeugen von tiefer Volksfrömmigkeit. Das Osterreiten als religiöse Prozession verkündet die Auferstehung Jesu in Stadt und Land. Brauch und touristische Attraktion sind Volkstanz, Eiermalen und Vogelhochzeit.

Die sorbische Literatur behielt ihren eigenständigen Charakter und ihre Protagonisten: Jakub Bart-Ćišinski, Jurij Brězan, Kito Lorenc, Róža Domašcyna. Die Sagengestalten Krabat, Připołdnica, Wódny Muž und Zmij dominieren Erzählungen, Legenden und bildnerisches Schaffen bis in die Gegenwart unter anderem von Měrćin Nowak-Njechorński, Jan Buck, Jěwa Wórša Lanzyna. Heute pflegen Institutionen wie die Domowina als Dachverband der sorbischen Vereine, Verlage und Theater sorbisches Brauchtum. Der MDR spricht obersorbisch in Radio und TV. »Müssten die Sorben nicht glücklich sein? Der Ministerpräsident Sachsens heißt Stanisław Tillich und stammt aus Panschwitz-Kuckau. Ein ›deutscher Politiker sorbischer Nationalität‹, so steht es in den Lexika. Das macht die Sorben stolz. Aber es hilft ihnen nicht bei ihrem Demographieproblem: Selbst David Statnik, der Chef der Domowina, hat wenig Hoffnung, dass es seine Sprache in einigen Jahrzehnten noch geben wird.«

Im Einigungsvertrag vermerkt die Protokollnotiz Nr. 14 zu Artikel 35 die Bestandssicherung des sorbischen Volkes. »Das Bekenntnis zum sorbischen Volkstum und zur sorbischen Kultur ist frei. Die Bewahrung und Fortentwicklung der sorbischen Kultur und der sorbischen Traditionen werden gewährleistet. Angehörige des sorbischen Volkes und ihre Organisationen haben die Freiheit zur Pflege und zur Bewahrung der sorbischen Sprache im öffentlichen Leben. Die grundgesetzliche Zuständigkeitsverteilung zwischen Bund und Ländern bleibt unberührt.« Noch singt man die sorbische Hymne in Sachsen. Noch weht die sorbische Flagge weithin.

In Sachsen leben Sachsen – ein Irrtum! Vielmehr ist Sachsen eines der Bundesländer, in denen nationale Minderheiten zu Hause sind.

Die Sachsen haben jeden Krieg verloren

Irrtum! *Aber* ...

... es hält sich das Gerücht beharrlich, dass die Sachsen Kriege zu vermeiden suchten, und wenn sie denn doch ins Kampfgeschehen traten, prinzipiell auf des Verlierers Seite standen.

Vielen Sachsen ist die wahre Geschichte unvergessen, dass August der Starke 1717 Preußens Soldatenkönig Wilhelm I. 600 Soldaten schenkte, die für Preußens Gloria kämpften. Dafür erhielt der Kurfürst 151 Monumentalgefäße aus China-Porzellan. Die Dragonervasen werden heute als Beispiel für Sachsens Glanz in den Staatlichen Kunstsammlungen in Dresden ausgestellt Das Selbstbild des Volkes ist auf keine Weise militärisch, sondern vornehmlich kulturell geprägt.

Jedoch besaß das Sachsenland seit 1682 ein stehendes Heer, und wie in allen Armeen war den sächsischen Offizieren, Unteroffizieren und Mannschaften die Tradition der Truppe heilig. Als ersten großen Sieg der Sachsen betrachteten sie die Eroberung der Engelsburg in Rom im Jahre 998 durch den meißnischen Markgrafen Ekkehard I. (ca. 960–1002). Auch für die spätere Zeit konnten sie auf zahlreiche Siege verweisen, einige Niederlagen inklusive. Die Zäsur kam mit den drei Schlesischen Kriegen 1740–42, 1744/45, 1756–63. War Sachsen im ersten noch auf des Siegers Seite Preußen, so unterlag sie im zweiten durch Frontenwechsel. Der öffentliche Druck auf die Soldaten wuchs mit jeder Niederlage: im Juni 1745 bei Hohenfriedberg, im November bei Hennersdorf und im Dezember bei Kesselsdorf. 1756 erfolgte die Kapitulation der gesamten Armee bei Königstein. 1757 wurde Zittau belagert und total zerstört.

Es folgten die napoleonischen Kriege: Zu Beginn kämpfte die preußisch-sächsische Armee gegen die Franzosen und verlor 1806 bei Jena, Auerstedt und Saalfeld. Dann fügte man sich Napoleon, und der Kaiser erhob Sachsen zum Königreich. So wurden die Sachsen an Frankreichs Seite 1812 im Russlandfeldzug geschlagen. Und in der großen Völkerschlacht im Oktober 1813 wechselten sie viel zu spät die Seiten. »Den 16ten habe ich dem Feind vor Leipzig wieder eine Schlacht geliefert, 4000 gefangene gemacht, 45 Canonen ein ahdler und verschiedene Fahnen erobert, den 17. warff ich den Feind in Leipzig hinein, und nahm 4 Canonen, den 18. und 19. ist die größte Schlacht geliffert, die ni uf der erde stattgefunden hat 600.000 man kempfften mit einander, um 2 uhr Nachmittag nahm ich Leipzig mit Stuhrm, der König von Saxen und ville generalls der Franzosen wurden gefangen der Polnische Fürst Poniatowski Ertrank. 170 Canonen wurden erobert und gegen 40.000 man sind gefangen. Napoleon hat sich gerettet, aber er ist noch nicht durch«, notierte Generalfeldmarschall von Blücher. Im Verhandlungspoker des Wiener Kongresses zählte Sachsen zu den großen Verlierern, gab mehr als Territorium an die Preußen ab. Auch im Deutschen Krieg von 1866 wurden die Sachsen von den Preußen geschlagen. Spätestens seit diesem Jahr stand die sächsische Armee in so schlechtem Ruf, dass sie ihre hervorgehobene gesellschaftliche Stellung im Königreich kaum noch zu legitimieren vermochte. Preußen förderte die üble Nachrede: Sachsen hat nie einen Krieg gewonnen.

Doch standen Sachsen später auch noch auf der Gewinnerseite: Im Französisch-Deutschen Krieg 1870/71 gab es nach anderthalb Jahrhunderten wieder einen Sieg. Der Kronprinz und spätere König Albert (1828–1902) erlangte sogar Feldherrenruhm und wurde der erste Generalfeldmarschall des Deutschen Reichs, der nicht aus preußischer Familie stammte. Die darauffolgenden vierzig Jahre verliefen friedlich, und in der Wahrnehmung, auch der Sachsen selbst, wurde dieser letzte Sieg im Krieg von der Vielzahl der seit 1740 erlittenen Niederlagen überlagert.

Im Ersten Weltkrieg operierte die sächsische Armee faktisch nicht mehr allein, es gab eine gesamtdeutsche Armee. Aber der schlechte Ruf wurde ein letztes Mal öffentlich bedient. Der sächsische Oberst Richard Hentsch (1869–1918) berichtete dem Großen Generalstab über die Lage von der Marneschlacht 1914. Seine pessimistischen Berichte haben dazu beigetragen, dass diese entscheidende Operation erfolglos abgebrochen wurde. Dafür ist er persönlich angegriffen worden. Und obwohl ihn eine Untersuchungskommission entlastet hat, hieß es noch nach 1918: »Dor Saggse haddn Griesch verlorn.«

Das ist nachgewiesenermaßen ein Irrtum! Aber wohl wahr, echten Kriegsruhm haben Sachsen nie erlangt.

Sachsenspiegel – der Handspiegel für unterwegs

Irrtum! *Aber …*

… man behauptet, »dass in Sachsen die schönen Mädchen auf den Bäumen wachsen«, deshalb besitzen Spiegel hierzulande große Tradition.

Da die Redensart seit langer Zeit gebräuchlich ist, ist's fraglich, ob sie den Bewohnerinnen des heutigen Freistaates gewidmet war. Hildesheimerinnen beanspruchen, gemeint zu sein, auch die Einwohnerinnen von Celle. Bekanntlich liegen beide Städte in Niedersachsen. Die Chronik aber berichtet diesbezüglich von einem Zelle mit dem Buchstaben Z, und das ist heute ein Ortsteil von Aue. Zweifellos liegt die Stadt Aue inmitten des Erzgebirges. Damit wären denn doch die hiesigen Frauen die schönen. Die Beschreibung trifft alleweil zu: »Glänzend lichtbraunes Haar; dunkelbraune, stark bewimperte Augen; geschwungene Brauen; eirundes Gesichtchen, rein und idealisch; schlanker Wuchs, etwas über mittelgroß, die ›treffliche Größe‹, wie Goethe sagt; die Formen rund; die Hüften anmutig geschwungen; der Gang auf zierlichem Fuße leicht und graziös. Dabei sprechen diese Schönheiten das beste Deutsch, wohltönend, voll, ohne Dialekt. Selbst die Mädchen und Weiber auf dem Lande sehen schmucker aus denn anderwärts. Sie tragen: saubere Schuhe und Strümpfe; entweder schwarze oder rote, der Länge nach grün- und braungestreifte, mit breitem grünen Rande besetzte Röcke, welche die Waden nicht allzu sorgfältig verbergen; dazu ein schwarzes Mieder mit kurzen Ärmeln, um welche zierlich der Aufschlag des Hemdes gelegt ist, dessen überfallender Brustteil fein gefältelt Schulter und Nacken deckt.« Zweifellos nahmen solch Mädchen auch Spiegel zur Hand.

Sächsische Burgen und Schlösser besaßen ganze Räume von Spiegeln. Schloss Hartenfels in Torgau hat eine Spiegelstube. Spiegelsäle beherbergen unter anderem die Schlösser in Gaußig und Rammenau. Mit Spiegeln hinterlegte August der Starke seine Pretiosen im »Grünen Gewölbe«. Doch als »Sachsenspiegel« werden sie allesamt nicht bezeichnet. *Der Spiegel* erscheint wöchentlich seit 1947, er berichtet wohl auch über Sachsen, wird aber in Hamburg herausgegeben, ursprünglich hat er nichts mit dem Freistaat gemein. Der MDR sendet tagtäglich um 19 Uhr das Regionalmagazin »Sachsenspiegel«.

Der eigentliche *Sachsenspiegel* wurde zwischen 1220 und 1230 verfasst und gilt als das älteste Rechtsbuch der Deutschen. Er ist vor allem das Werk des Eike von Repgow (ca. 1180–1235) und von historisch großer Bedeutung.

Möglicherweise hat das Eindringen von römischem, langobardischem und kanonischem Recht zur Aufzeichnung der heimischen Gewohnheitsrechte angeregt. »Als Berater wollte Eike von Repgow angesichts des Streits zwischen Staufern und Welfen, zwischen Kaiser und Papst und der stattfindenden Kolonialisierung des Gebiets östlich der Elbe zum Rechtsfrieden beitragen.« Zum Schreiben veranlasst hat ihn Graf Hoyer von Falkenstein (1211–1250).